ワーキングメモリと特別な支援

―一人ひとりの学習のニーズに応える

湯澤美紀・河村　暁・湯澤正通 編著

北大路書房

● 本書の構成について ●

　本書は，ワーキングメモリの知見を，実際の教育実践に活かしていただくことを意図して編まれました。
　子どもの学び方の多様性に応じた特別な支援のあり方を検討するための1つの枠組みとして，「ワーキングメモリを考慮したユニバーサルデザイン」を提案し，個別指導・学級経営に関する実践事例を報告していきます。
　理論と実践をつないでいくためには，通常の書籍の形式に従い，本書においても，ワーキングメモリに関して，理論的説明（つまり「理論編」）を詳細に行ったうえで，教育実践への応用例（つまり「実践編」）を記述していくことが適切なスタイルであろうと編者も理解しています。しかし，本書ではあえてそのスタイルを取らず，ワーキングメモリに関する大枠を説明した後，いきなり実践編へと読み進めていただくスタイルを採用しました。
　ワーキングメモリそのものは，心理学の重要なテーマの1つであり，理論的精緻化の作業は現在も進展しつつあります。しかし，本書において編者らが目指すのは，理論的精緻化ではなく，むしろこの有用な理論をいかに教育実践のツールとして活用するか，にあります。
　したがって，導入部分では，実践編の支援方略となる「ワーキングメモリを考慮したユニバーサルデザイン」を中心に解説し，理論については実践編を理解するうえで手助けになる，ごく大切な情報を紹介するにとどめました。実践編は，読み・語彙・読解・書き・計算・文章題といった個別指導に加え，学級経営に関する支援事例をたっぷり紹介していきます。ワーキングメモリに関する詳しい説明は，理論編として，実践編の後に行うこととしました。理論編といいましても字数に制限があります。さらに詳しく学ばれたい読者のみなさまにおかれましては，姉妹書『ワーキングメモリと学習指導』（2009年　北大路書房），『ワーキングメモリと発達障害』（2011年　北大路書房）をご活用いただけましたら幸いです。
　上記のことを踏まえ，本書の構成は次のようになっています。

導　入：第1章，第2章
　実践編：第3章～第9章
　理論編：第10章

　第3章から第8章までの実践編は，編著者の1名である河村暁が個別指導の実践で用いた支援技術とそこで検証を試みた支援の効果を紹介しています。各領域の学習に，ワーキングメモリがいかにかかわってくるのかといった点を，章の冒頭でやや詳しく述べ，河村が携わった子どもの認知的特性を踏まえた具体的な支援を，ワークシートや手続きを図として示しました。支援が，ワーキングメモリの小ささをいかに補っているのか，第2章で示す「ワーキングメモリを考慮したユニバーサルデザイン」の支援方略を示しながら，ステップごとに解説しています。いくつかの章では，学習の成果をグラフにまとめています。本書では，支援の実際の効果にも関心があるからです。
　本文中におさめきれなかった内容については，「コラム」として紹介しています。コラムの執筆者として，編著者に加え，小学校の特別支援学級や通級指導教室等で優れた実践を重ねてこられた山田充先生・青山新吾先生をお迎えいたしました。先生方からは，各章に関連する，教室場面での支援のヒントを示していただきました。
　第9章は，小学校での観察研究に基づいた教師の学級経営に関する専門技術について述べています。
　子どもの学びの多様性を活かしながら，子ども一人ひとりに特別な支援を行うため本書では，ワーキングメモリの視点からアプローチをしていきます。

＜補足資料について＞
　2013年の出版以降，読者のみなさまと交流をさせていただく中で，本書で紹介しているワークシートの現物を手に取って見たいとの要望を受けておりました。増刷を機に，本書で紹介したワークシートのテンプレートを北大路書房のホームページ上からダウンロードできるようにいたしました。本書の理解を補足するうえで，また，目の前の子どものつまずき場面に応じて，先生方が本テンプレートを独自のワークシートに進化させてご活用いただけましたら幸いです。
　詳しくは以下のウェブページをご参照ください。
　http://www.kitaohji.com/

目　次

本書の構成について　i

第1章　教室の中のワーキングメモリ …………………………………1
1．ワーキングメモリとは　1
2．クラスにこんな子どもはいませんか？　2
3．教室の中の大きな個人差　3
4．ワーキングメモリの4つの側面　3
COLUMN①　教師と子どもの関係づくり―特別支援学級で出会った男の子　5

第2章　学びの多様さとワーキングメモリ …………………………………7
1．ワーキングメモリは学業成績を予測する　7
2．LDの定義　8
3．学び方の多様さ　9
　(1)読字障がい／(2)算数障がい／(3)注意欠如・多動性障がい／(4)自閉症スペクトラム／(5)統合運動障がい／(6)ダウン症／(7)ウィリアムズ症候群
4．学ぶための学びの環境　14
　(1)学ぶ姿勢の確保／(2)時間の管理／(3)環境構成
5．ワーキングメモリ理論に基づいた7つの原則　17
6．ワーキングメモリを考慮したユニバーサルデザイン　19
　(1)情報の整理（情報の構造化，多重符号化）／(2)情報の最適化（スモールステップ・情報の統合・時間のコントロール）／(3)記憶のサポート（記憶方略の活用・長期記憶の活用・補助教材の利用）／(4)注意のコントロール（選択的注意・自己制御）
COLUMN②　教室の中の環境づくり―ある若手教師のブレークスルー　25

第3章　読　み……27

1. 読みとワーキングメモリ　27
   (1)初期の読み／(2)読みの熟達
2. 読みの困難　28
3. 支援の方法　29
   (1)文字の読み／(2)漢字熟語の読み／(3)文章の読み

COLUMN③　読みを支える「聴く」体験—質の良い本を「聴く」ことの大切さ　37

第4章　語　彙……39

1. 語彙習得とワーキングメモリ　39
2. 語彙習得の困難　40
3. 支援の方法　41
   (1)音のイメージ化／(2)語彙定着／(3)ノートによる知識習得／(4)語彙学習から読みへ

COLUMN④　国語辞典の使い方—ワークシートの活用　47

第5章　読　解……49

1. 読解とワーキングメモリ　49
2. 読解の困難　50
   (1)読みと理解の同時処理／(2)未知単語の理解／(3)場面のイメージ化／(4)解答生成
3. 支援の方法　51
   (1)文章の全体像の把握／(2)文章の意味理解／(3)設問理解／(4)解答プロセスの分析

COLUMN⑤　読みを通した子どもの理解—子どもに見えている世界を学ぶ　62

第6章　書　き……63

1. 書きとワーキングメモリ　63
2. 書きの困難さ　64
   (1)順序情報／(2)協調運動／(3)視覚認知／(4)言語的短期記憶
3. 支援の方法　66
   (1)ひらがなの書き①　なぞり，視写，想起／(2)ひらがなの書き②　協調運動と視覚認

　　　　知のトレーニング／⑶ひらがなの書き③　言語情報の整理／⑷ひらがなの書き④　音の認識の促進／⑸漢字の書き①　言語情報の利用／⑹漢字の書き②　視覚情報の利用
　COLUMN ⑥　書きに困難のある子どもへの支援─漢字の宿題に見る子どもの学びの多様性を認める教師の姿　74

第7章　計　算 …………………………………………………………75

1．計算とワーキングメモリ　75
2．計算の困難　76
　　⑴入門期の計算／⑵九九／⑶複雑な計算
3．支援の方法　77
　　⑴入門期の計算①　数の分解／⑵入門期の計算②　数の操作／⑶九九①　暗記／⑷九九②　定着／⑸筆算①　足し算／⑹筆算②　かけ算／⑺即時折説明
COLUMN ⑦　計算に困難のある子どもへの支援─誤り分析から見る子どものつまずき　88

第8章　算数の文章題 ……………………………………………………89

1．算数の文章題とワーキングメモリ　89
2．文章題の困難　89
　　⑴文章題／⑵なじみのない問題／⑶図形
3．支援の方法　91
　　⑴文章題・なじみのない課題／⑵図形／⑶自己調整学習
COLUMN ⑧　文章題に困難のある子どもへの支援─誤り分析から見る子どものつまずき　98

第9章　授業場面での支援 ………………………………………………99

1．授業という発話の連鎖　99
2．授業中の挙手率と参加率　100
3．授業参加を促す授業デザイン　102
　　⑴授業の構造化／⑵教師の発問／⑶リヴォイシング
4．ワーキングメモリを考慮したユニバーサルデザインの授業　105

(1)教師の支援方法の振り返り／(2)学年・学校独自のユニバーサルデザインの創造／(3)授業改善の成果の確認

第10章　ワーキングメモリの基礎知識 …………………………………109

1．あらためて，ワーキングメモリとは何か？　109
2．ワーキングメモリのモデル　110
　(1)言語的短期記憶／(2)視空間的短期記憶／(3)中央実行系
3．ワーキングメモリは脳内ネットワーク　113
4．ワーキングメモリの容量の限界　114
5．アセスメントの方法　115
　(1)教師による学習場面の観察／(2)オートメイテッド・ワーキングメモリ・アセスメントの利用／(3)知能検査・認知検査の利用／(4)KABC-Ⅱ・DN-CAS
6．ワーキングメモリがつなぐ理論と実践　118
　(1)教育実践の再評価／(2)サポートブックの活用／(3)テストバッテリーの開発／(4)学習から就労へ

引用・参考文献　122
索　引　124

第1章 教室の中のワーキングメモリ

1．ワーキングメモリとは

　教室という情報の渦のただ中に子どもはいます。目を閉じて，そこで飛び交う音の情報に耳を傾けてみましょう。教師の指示や子どもの質問・発表，子ども同士の話し合いなど，にぎやかな声が聞こえてきます。ゆっくり目を開けると，教師による板書，教科書，ノート，プリント，教室内にある日々の掲示物が，視界に飛び込んできます。教室は多種多様な情報であふれています。こと学習において，子どもは身の周りの情報から，今必要な情報を取り出しながら，目の前の課題に取り組むことが求められます。その働きを支えているのが，ワーキングメモリ（WM）です。

　ワーキングメモリとは，情報を一時的に記憶・処理する能力です。私たちは，頭の中にワーキングメモリという小さな「メモ帳」を持っていると考えてください。授業中，子どもは，この「メモ帳」を使って教師の指示を書きとります。指示通りにできた作業には線を引き，次にしなければならないことは何かを整理していきます。板書の際も，黒板に書かれた情報をいったん「メモ帳」に写し，それをノートに書き出していきます。計算では，問題中の数字を「メモ帳」に書き留めながら，計算ルールを適用し，計算パターンを検索しながら答えを導き，その数字をノートに写します。

　「メモ帳」に書き込める情報は，文字・数・図など様々であり，日常のどの学習場面においても，「メモ帳」はとても便利な「思考のための道具」として用いられます。ただし，そこに書き込める情報量には，限りがあります。そのため，「メモ帳」の情報は，古くなったり必要がなくなったりすれば消し去られ，新たな情報に置き換えられるといったアップデート（更新）が繰り返されています。いったん消し去られた情報は，戻ってきません。なぜなら，「メモ帳」は，「今・ここ」の課題に取り組むことに特化した能力だからです。

2．クラスにこんな子どもはいませんか？

　ワーキングメモリで一度に記憶・処理できる情報量（容量）には大きな個人差があります。ワーキングメモリ（の容量）が小さい子どもの場合，多くの情報をいっぺんに与えられると，オーバーフローを起こしてしまい，必要な情報が頭に入ってこなくなるため課題に失敗しがちです。このことが学習上の大きなリスク要因となります。

　しかし，学習のつまずきの背景に，ワーキングメモリの問題が隠れていることは，あまり知られていません。学習につまずいている子どもは，一見すると「怠けている」「すぐに飽きる」「人の話を聞いていない」ように見えてしまったり，発達障がいをもっている子どもの場合には，その発達特性に起因すると見なされる場合が多いからです。子ども一人ひとりに応じた支援を考えていくためにも，まずは，ワーキングメモリの小ささゆえに，目の前の課題に失敗している子どもを見つけていくことから始める必要があります。表1-1のチェックリストを見てください。ワーキングメモリの小さい子どもがクラスの中で示す一般的な行動をまとめています。クラスの中に，チェックリストの項目のうち複数該当する子どもはいませんか？

　普段は，「怠けている」「すぐに飽きる」「人の話を聞いていない」ように見える子どもも，それが原因で課題の失敗が重なってしまうかというと，そうばかりではなく，課題の失敗が重なっているからこそ，結果，そう見えてしまうことがあります。課題の失敗の原因を見極めることが，子どもの支援を方向づけます。ワーキングメモリの考え方は，子どもの理解と支援の両方に役立ちます。

表1-1　ワーキングメモリ（WM）チェックリスト

- ☐ （課題への取り組み）教師の指示通りにできない。
- ☐ （課題への取り組み）作業の進行状況が分からなくなる。
- ☐ （課題への取り組み）同時にいくつかのことが求められる課題に失敗する。
- ☐ （課題への取り組み）複雑な課題に失敗する。
- ☐ （授業態度）板書がうまくできない。
- ☐ （授業態度）話し合いに積極的に参加できない。
- ☐ （授業態度）挙手が少ない。
- ☐ （授業態度）うわの空になることが多い。
- ☐ （学習）漢字がなかなか覚えられない。
- ☐ （学習）読みがスムーズに行えない。
- ☐ （学習）算数の計算や文章題が解けない。
- ☐ （日常生活）忘れ物が多い。
- ☐ （日常生活）なくし物が多い。

3．教室の中の大きな個人差

　個人のワーキングメモリを実際に測定（アセスメント）することは可能です。具体的な測定方法については，第10章で述べることにしますが，ここではアセスメントによって得られたデータを基に，ワーキングメモリにおける個人差について考えていきたいと思います。

　ギャザコールらの研究グループは，4歳から15歳までの子どものワーキングメモリの発達的な増加と学年内における個人差を報告しています。

　各年齢の子どものワーキングメモリの平均は，漸次的に増加していきます。しかし，注目すべきは，同じ年齢内の個人差です。例えば，7歳児のワーキングメモリのデータに着目した場合，7歳児の上位10％の平均は，10歳児の平均とほぼ同一であり，7歳児の下位10％の平均は，4歳児の平均よりも下回ります。このように考えてみてください。30人学級の小学校1年生のクラスの中に，4年生が3名，4歳児が3名，机を並べて座っているのです。クラスの中の個人差がどれほど大きいのかが分かります。他の年齢群でも同様の傾向が見られ，およそどの学年でも5歳から6歳程度の個人差が存在するわけですから，クラスの中に，教師の指示を同時に複数こなせる子どもがいる一方で，教師の指示に従うことができず，そもそも教師の話さえまったく聞いていないように見えてしまう子どもがいるのもごく当然のことと言えるでしょう。

　こうした個人差は，時間の経過によって変化することが少ないと言われています。つまり，下位10％の子どもたちはその後も下位10％であり続けます。したがって，ワーキングメモリの小ささから，教師の指示や授業の内容についていけないというリスクを長期的に抱えることになります。

4．ワーキングメモリの4つの側面

　ワーキングメモリの理論を教育実践の場に応用するためには，子どものワーキングメモリの特徴を把握する必要があります。

　ワーキングメモリには4つの側面があります（図1－1；理論については第10章）。数，単語，文章といった音声などの情報を取り扱う言語領域は，言語的短期記憶と言語性ワーキングメモリが該当します。前者は，言語情報の記憶のみ，後者はそれらの記憶と処理の両者を担います。イメージ，絵，位置などの情報を取り扱う視空間領域は，視空間的短期記憶と視空間性ワーキングメモリが該当します。前者は，視空間情

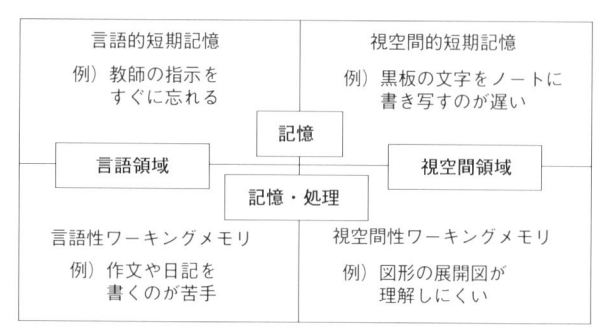

	記憶	
言語的短期記憶 例）教師の指示を 　すぐに忘れる		視空間的短期記憶 例）黒板の文字をノートに 　書き写すのが遅い
言語領域	記憶・処理	**視空間領域**
言語性ワーキングメモリ 例）作文や日記を 　書くのが苦手		視空間性ワーキングメモリ 例）図形の展開図が 　理解しにくい

図1-1　ワーキングメモリの4つの側面

報の記憶のみ，後者はそれらの記憶と処理の両者を担います。

　ワーキングメモリの弱さを補うための支援，強さを活かすための支援を考えていくためには，子どものワーキングメモリの4つの側面のうち，どの側面が弱いのか，あるいは強いのかといったことを把握しておく必要があります。第10章の表10-1（授業場面におけるワーキングメモリの問題；p.116）を参考にしていただきながら，まずは，子どもたちの学習の様子を観察してみてください。

　4つの側面は，様々な学習のプロセスに深くかかわってきます。第3章から第8章では，学習領域ごとに支援例をあげていきますが，それぞれの学習にワーキングメモリの4つの側面がいかにかかわってきているのかといった点について，各章の冒頭で触れていきます。

COLUMN ①

教師と子どもの関係づくり
特別支援学級で出会った男の子

　ある特別支援学級でのことです。私は，当時，教育委員会の教育主事という立場で小学校に訪問し，一人の男の子と出会いました。先生方からは，彼は，自分の意に添わない指示にはまったく従おうとしないと伺っていました。その時彼は，教室に作られたスペースで，フラフープに励んでいました。授業中のことです。ここ最近，ずっと練習しているとのことでした。確かに，上手でした。彼がふと自分の手を止め，側の先生にフラフープを手渡しながら言いました。

　「先生，フラフープして」。

　先生方に困惑の表情が浮かんでいました。順番にフラフープを手渡した彼が，私の前にやって来ました。私は，「先生はフラフープできないから，教えてくれたらしてもいい」と言いました。彼の言葉を切り返したのです。彼は，なんとか私に教えようとしました。

　放課後のケース会議で先生方と話をしました。私は，現場の先生方が，彼に主導権を握られすぎているのではないだろうかと述べました。高圧的になるわけではない。でも，彼に全て主導権を握られないようなつきあい方が必要ではないかとアドバイスしました。

　それから数か月。再度彼に出会いました。学習のプリントを受け取り，「○○先生〜（担任），これ，するのイヤだ〜」と言っていました。文字面だけみれば拒否的です。しかし，彼の言葉のトーンには担任への甘えが感じられました。そして，実際に彼はプリントを手に取って課題を始めました。もちろん，彼のために課題の内容と量は調整されていました。1枚に出題されている量も少なく，プリントの問題のレベルは彼がすぐにできそうなものでした。

　それからさらに数か月。彼は，特別支援学級の他の子どもたちと国語の授業に参加していました。作文の授業でした。文を作るのが苦手な彼は，うまく書けない時にはいらついた表情も見せながら，それでも授業に参加し続けていました。彼にとっては難しい課題にも取り組めるようになっていたのです。

　子どもの状況をまずは受けとめる。そして，緩やかなやりとりを通して，主導権を握り関係を作る。その関係を基盤にして，教師は子どもの学びを支えていきます。学びの土台になる子どもとの関係づくりが重要です。

（青山新吾）

第2章 学びの多様さとワーキングメモリ

1. ワーキングメモリは学業成績を予測する

　ワーキングメモリが学習に及ぼす影響は，過去40年間の研究成果より一貫して示されています。知能検査の中にもワーキングメモリ指標が導入されるに至り，結果として，両者が密接に関係することになっています。しかしながら，学業成績により因果的な影響を及ぼすのは，知能よりもむしろワーキングメモリであることが知られています。

　ギャザコールとアロウェイは，小学校入学時に測定された言語的短期記憶と言語性ワーキングメモリの得点と，約30か月後の6～7歳時点で行われた全国統一テストの成績との関連を検討しました（Gathercole & Alloway, 2008）。図2-1は小学校入学時のワーキングメモリの成績を，下位・平均・上位グループに分け，グループごとの

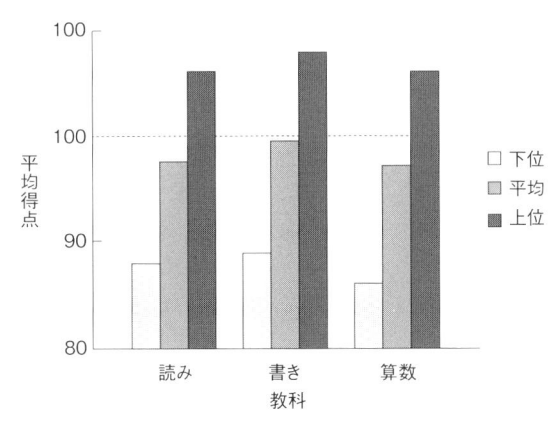

図2-1　30か月後の6, 7歳時点での学習到達度別に示した4歳児の言語的短期記憶・言語性ワーキングメモリ得点（Gathercole & Alloway, 2008）

読み・書き・算数の平均成績を示したものです。6,7歳時点での学習成績の上位と下位のグループの4歳時点でのワーキングメモリの平均の開きは，約20ポイントであるなど，ワーキングメモリが，学業の主要科目に因果的に大きな影響を及ぼすことは明らかです。

2．LDの定義

　学習障がい（LD）を抱える子どもは学校のどこで学んでいるのでしょうか。普通学校には，3つの学びの形態があります。1つは，特別支援学級です。8名の定員を上限としたクラスが形成され，個のニーズに応じた教育支援が行われています。そこに在籍する子どものうち，図工や音楽など特定の教科に関し，同学年の交流学級において授業を受ける場合があります。2つは，「通級による指導」です。通常学級に在籍しながら，国語や算数等の教科に関し，特別支援学級において授業を受けます。特別支援学級や「通級による指導」を受けている子どものうち，特別支援学級の7割，「通級による指導」を受けている子どもの9割が，自閉症スペクトラムのある子どもで占められているのが現状であり，学習障がいのみを抱える子どもの数は多くないと言えます。しかし，自閉症スペクトラムやADHDといった発達障がいのある子どもが学習障がいを抱えているケースは多く，学習面の支援のニーズはここでも高いと言えます。3つめは，通常学級に在籍するケースです。2012年，文部科学省が示した調査資料（「通常の学級に在籍する発達障害の可能性のある特別な教育支援を必要とする児童生徒に関する調査結果について」）によると，通常学級において児童・生徒の4.5%，つまりクラスに1～2名が「学習面で著しい困難」を抱えています。特別支援学級，通級による指導，通常学級といった3つの異なる学習環境において，学習上の特別な支援が求められています。

　LDという用語は，現在，多義的に用いられています。日本の教育領域では，通常Learning Disabilityの略として用いられ，「学習障がい」と訳されます。文部科学省の定義によると，学習障がいとは，基本的には全般的な知的発達に遅れはないものの，聞く，話す，読む，書く，計算する，または推論する能力のうち特定のものの習得と使用に著しい困難を示す様々な状態を指します。原因として，中枢神経系に何らかの機能障がいがあると推定されます。医学的な見地では，「学習障がい」を，Learning Disorderという用語で表します。知的障がいが見られないことと中枢神経系の機能障がいに由来することが条件としてあげられます。

それとは異なる考え方が，Learning Difficulty です。これは，英国やオーストラリアで広く用いられる概念であり，特別支援教育の観点から，Learning Disability のある子どもに加え，知的障がいや環境要因により学業不振に陥っている子ども，加えて移民の子どもが，何らかの学習に関する支援のニーズがあると見なされる場合に用いられます。Learning Difficulty が，子どもの学習のつまずき全般を表す用語であるのに対して，Learning Disability と Learning Disorder は，知的障がいや中枢神経系の機能障がいの有無を判断の基準にしているという点で，より限定的だと言えます。日本においても，学習障がいという明確な診断がない場合や，他の発達障がいとの区別が難しい場合，また，学習障がいの兆候を認めた場合に，「学習困難」という用語をしばしば用います。

学習障がいや学習困難を抱える子どもを包括的に支援するうえで有効なとらえ方が，4つめの LD である Learning Differences です。これは，アメリカや LD 学会で近年用いられるようになった用語で，学習障がいや学習困難を抱える子ども一人ひとりの認知的な特性，つまり，「学び方の多様さ」を意味します。一人ひとりの多様な学び方を理解し，それらを踏まえた支援の在り方を提案するうえで重要な視点であると言えます。本書では，この「学び方の多様さ」をワーキングメモリの枠組みでとらえていきます。

3．学び方の多様さ

学び方の多様さは，学習障がい・学習困難のある子どものワーキングメモリの特徴にも表れています。表2-1に，学習障がいの中でも，読み・書き・算数の各領域に特化して著しい遅れが見られる子どものワーキングメモリの特徴を示しています。表では，読み・書き・算数障がいのある子どもたちのワーキングメモリの課題成績が，標準的なグループの課題成績と比べて低いものを，ワーキングメモリの4つの構成要素，言語的短期記憶（言語的 STM：Short Term Memory），視空間的短期記憶（視空間的 STM：Short Term Memory），言語性ワーキングメモリ（言語性 WM：Working Memory），視空間性ワーキングメモリ（視空間性 WM：Working Memory）ごとに網かけ（灰色の部分）で示しています。

(1)読字障がい

読字障がい（Reading Disorder）は，読みの到達度が実年齢や知能，そして教育の

程度に応じて期待される水準よりも著しく低いことが基本的特徴です。『精神疾患の診断・統計マニュアル』（DSM-Ⅳ-TR）によると，米国の4％がこの障がいを有していると概算されています。日本語を母語とする子どもが読字障がいをもつ割合は低くなります。その原因として，言語の特徴が考えられています。例えば，スペインと米国を比べた場合，同じアルファベットを用いるにもかかわらず，米国の子どもの方が，読字障がいをもつ確率は高いとされます。母語である日本語に関しては読字障がいを示さないものの，英語の学習になるととたんに著しい困難を示す子どもがいます。日本語スペイン語ともにほぼ表音が一致（文字と音が一致）するものの，英語はその割合が低いことがその背景として考えられています。

　ワーキングメモリに関しては，言語性のワーキングメモリに問題が見られることが指摘されています。初期の読みから読解に至るまで，言語性ワーキングメモリは，影響し続けます。語彙獲得に関しては，言語的短期記憶から直接的な影響を受けます。ただし，語彙量が増えると，言語的短期記憶の影響は小さくなります。

(2) 算数障がい

　算数障がい（Mathematics Disorder）は，算数の到達度が実年齢や知能，そして教育の程度に応じて期待される水準よりも著しく低いことが基本的特徴です。『精神疾患の診断・統計マニュアル』（DSM-Ⅳ-TR）によると，米国の4％がこの障がいを有していると概算されています。算数は，主には数的感覚と数を操作する能力が必要となります。数的感覚とは，数の大小を理解したり，大きさの比較を行うことができる感覚であり，幼少期より獲得されます。その他，時間の理解，左右の区別，パターンの認識などに苦手さがあることが示されています。

　ワーキングメモリに関しては，視空間性領域のワーキングメモリに問題が見られることが指摘されています。筆算など比較的大きい数の計算の場合は，桁をそろえた数字を上下に配置させ，それらの数字を桁ごとに足し合わせることが求められたり，図形比較の場合は，心の中で異なる図形を回転させながら，相似性を比較することなどが求められたりします。視空間性ワーキングメモリに問題が見られると，こうした数や図形を操作する必要のある課題に失敗します。入門期の算数においては，視空間的短期記憶の問題が関連することが指摘されています。具体物と数を対比させながら，具体物をカウントしたり，簡単な足し算を行う場合，視空間的短期記憶内で数的イメージを保持する必要があるからです。

第2章　学びの多様さとワーキングメモリ

表2-1　ワーキングメモリの4つの領域ごとの各障がいの特徴

		言語的STM	視空間的STM	言語性WM	視空間性WM
学習障がい	読字障がい	■		■	
	書字障がい	■	■	■	■
	算数障がい			■	■
知的障がい無	高機能自閉症				
	ADHD			■	■
	統合運動障がい		■		■
知的障がい有	自閉症	■			
	ダウン症	■		■	■
	ウィリアムズ症候群		■		■

　学習進度や学習領域ごとにワーキングメモリにかかる負荷は異なります。したがって，読み・書き・算数障がいの子どもが，学習進度にかかわらず，当該領域のみにつまずくというわけではありません。例えば，読字障がいのある子どもが，簡単な計算問題は解けるものの，文章題を含む算数の課題にはつまずく場合もあります。また，書字障がいがある子どもが，作文の課題等において素晴らしい文章を考えることはできるのに，書きの困難さから課題に失敗する場合などもあります。そのため，学習障がいのある子どもに対する教材を作成するうえでは，子どものワーキングメモリの特徴を把握することに加え，課題ごとにワーキングメモリにかかる負荷を把握することが必要となります。

　ワーキングメモリの枠組みを利用した子どもの「学び方の多様性」についての理解は，ADHD，自閉症スペクトラム，統合運動障がいといった発達障がいのある子ども，ならびに，ダウン症やウィリアムズ症候群といった知的障がいを伴う子どもにも有効です。表2-1には，対象となる子どものワーキングメモリの課題成績が，知能や語彙量が同等の定型発達のグループの課題成績と比べて低い場合，ワーキングメモリの4つの構成要素ごとに，網かけで示しています。以下，各障がいの特性とワーキングメモリの特徴について述べていきます。

⑶ 注意欠如・多動性障がい

　ADHD（Attentional Deficit with Hyperactivity Disorder）は，不注意および多動－衝動的行動が顕著とされます。注意欠如性ならびに多動性に関する2つの診断基準を提示し，どちらか一方が優勢な場合，あるいは両タイプが優勢な場合によってサブタイプに分類されます。ADHDのある子どもは，欲求不満耐性の低さや気持ちの浮き沈みが見られ，注意のコントロール（制御）が苦手です。

　ワーキングメモリに関しては，現在のところ，中央実行系に問題があることが示されています。言語性ワーキングメモリならびに視空間性ワーキングメモリの課題成績が低いケースが多くあります。

⑷ 自閉症スペクトラム

　自閉症スペクトラム（Autistic Spectrum Disorder）は，対人的相互作用やコミュニケーションに困難があり，常同的な行動や限定的な興味を共通の特徴としてもっています。狭義の自閉症からアスペルガー症候群，特定不能の広汎性発達障がいまでを連続体としてとらえた概念が，自閉症スペクトラムです。幼少期においては，想像遊びが乏しく，ルールに固執します。高機能自閉症のある子どもにおいても，文脈に応じて言葉を柔軟に解釈したりすることに難しさがあります。

　ワーキングメモリに関しては，アセスメントを行う際，知能指数が一般に70以上で課題内容を理解できる認知レベルを有している高機能自閉症のある子どもに限定されますが，全般的に大きな問題は見出されていません。ただし，言語的短期記憶に関しては，問題が見られることが指摘されています。このことは，純粋に機能的面の特徴を示すだけでなく，一方で，単語を機械的に覚えることに関心を示さないといった発達特性に由来する可能性も指摘されています。

⑸ 統合運動障がい

　統合運動障がい（Dyspraxia）は，運動能力の困難さが特徴です。運動の困難性は，微細運動（fine motor skills）と粗大運動（gross motor skills）のいずれか，あるいは両者に確認される場合など多様です。微細運動は，鉛筆を持って文字を書いたり，ビーズと紐を使いながらビーズ通しを行ったりといったような，主には指先を使って一連の行為を行うものであり，粗大運動は，ラジオ体操やボール投げなど，体全体を使った一連の行為を行うものを指します。微細運動の困難さのほうが，より学業成績と関連していることが示されています。統合運動障がいは，乳幼児期においては発達

第2章　学びの多様さとワーキングメモリ

指標に遅れが見られるなど早期に現れます。

　ワーキングメモリに関しては，視空間的短期記憶ならびに視空間性ワーキングメモリに問題が見られること，特に，視空間性ワーキングメモリの問題が顕著だとされます。統合運動障がいのある子どもは，単に視力が弱いということではなく，ブロックの組み立てや画像の模写などの運動要素が加わった課題成績が低くなるとされ，運動を含む視覚情報の認識に特徴があることが示されています。

(6) ダウン症

　ダウン症（Down syndrome）は，21番染色体のトリソミー障がいにより引き起こされます。身長，体重は定型発達児に比べて小さく，心臓疾患や聴覚障がいを有する場合が多いのが特徴です。運動の発達も歩行開始が2歳程度と遅れ，認知面においては，軽度の知的障がいを有します。

　ワーキングメモリに関しては，言語的短期的記憶に問題があり，そのことが彼らの一般的な言語能力の遅れを引き起こしていることが報告されています。具体的には，言語的短期記憶のうち，音声情報を知覚し，情報をいったん留める貯蔵機能，声を出さずにその情報を繰り返すといった「リハーサル」を用いてできるだけ長く保持する機能，音声情報を出力（音声化）する際の構音プランニングの機能において全般的な弱さが指摘されています。

(7) ウィリアムズ症候群

　ウィリアムズ症候群（Williams syndrome）は，7番染色体異常により引き起こされ，多くの場合，心臓疾患を抱え，聴覚過敏や，高カルシウム症などの症状が見られます。認知面において，軽度の知的障がいを有します。特に，視覚性のパターンの認識など視覚性領域の認知での問題がある一方，高い言語能力をもっており，言語についての語用（言葉の運用）や語彙量は優れているとされます。

　ワーキングメモリに関しては，言語的短期記憶や言語的ワーキングメモリにおける問題は，一般に認められません。この言語領域の強さが相対的な言語能力の高さを支えています。しかし，一方，視空間性の記憶課題を用いた研究は，ウィリアムズ症候群に特異的なワーキングメモリの認知的特徴を示しています。視空間的短期記憶ならびに視空間性ワーキングメモリに問題があり，特に，視覚性（色の認識にもとづいた課題）よりも空間性（位置の認識にもとづいた課題）が弱いことが示唆されています。

13

発達障がい・知的障がいのある子どもが，学習障がい等を含む発達障がいを重複的にもっている場合も多く，実際，子ども一人ひとりのワーキングメモリの特徴は多様です。したがって，障がい名で子どもを理解するよりも，学習のどういった場面で学習困難を示しているのか，また，子どものワーキングメモリの特徴はどうか，といった視点から，一人ひとりの子どもを理解していく姿勢が求められます。

4．学ぶための学びの環境

　学習障がい・学習困難を抱える子どものうち，学習に入るためのステップとして，発達特性を考慮した「学ぶための学びの環境」を構成することが肝要です。ワーキングメモリの理論に基づいた支援は，その先にあります。まずは，「学ぶための学びの環境」を作っていきましょう。以下，学ぶ姿勢の確保，時間の管理，環境構成の3つの観点から，支援例を紹介していきます。

(1) 学ぶ姿勢の確保

　「集中して，きちんと座りましょう」という教師の投げかけに，ピンとこない子どもがいます。そこには様々な理由が存在します。ADHDのある子どもは，注意力が持続せず，衝動性ゆえに，体の動きを一定に保つことがなかなかうまくいきません。自閉症スペクトラムの子どもは，「集中」といった抽象的な意味を理解するのが不得手です。統合運動障がいの子どものうち，粗大運動に問題が見られる子どもなどは，体幹を整え，姿勢を維持することに困難さを示す場合があります。

　「集中して，よい姿勢で座る」といった行為の習慣化を促すために，上嶋恵氏が提案した『1分間集中トレーニング』（図2-2）が効果的です。同書で紹介されている「座る」トレーニングは，どんな子どもも，「座る」ことの身体的イメージを作りやすくなっています。

　まずは静かに横になるステップです。横になったままで，無駄な顔や体の動きがなくなるよう優しく声をかけていきます。じっと横たわることができるようになったらカウントを始めます。最初の目標は，20秒程度です。それがクリアできると，10秒ごとに長くしていき，1分間できれば，終了します。次は椅子に座るよう促します。子どもには背筋をまっすぐ伸ばして座ることを伝えます。必要な場合は，大人が椅子に座っている子どもの後ろから耳のあたりを両手で包むように押さえ，そのまま頭を上にひっぱると，すっと背筋が伸びます。これも先ほどと同様に，20秒程度から始めま

図2-2 『1分間集中トレーニング』(上嶋, 2008)

す。それがクリアできると、10秒ごとに長くしていき、1分間できれば、終了します。小さな成功体験を積み重ねていきながら、自らの身体を通して、「集中して、よい姿勢で座る」行為を身につけていきます。

　発達特性に応じながら、椅子や補助ツールを使用する方法もあります。ADHDのある子どもの中でも特に衝動性が強い場合などはバランスボールを用い、次第に通常の椅子へと移行させる取り組みもあります。統合運動障がいのある子どもや身体のコントロールがうまくできない子どもと同様に、姿勢保持がしやすいよう配慮された市販のクッション・椅子・机を用いることも効果的です。自閉症スペクトラムのある子どもの中には、感覚過敏症をもっているために、教室で用いられる椅子の硬さや不安定さに強く反応することがあります。低反発の座布団を敷いたり、ビーズクッションを膝の上においたりすることで、症状が落ち着く場合があります。

(2) 時間の管理

　ADHDのある子どもの場合、注意の持続が短いのに対して、自閉症スペクトラムのある子どもの場合は、注意の切り替えがスムーズではなく、また、次の活動の予想がつかない場合は不安が強くなるのが特徴です。したがって、ADHDのある子どもの場合は、課題目標を明確にし、活動を短く区切るといったスケジュールを組むことが重要です。自閉症スペクトラムのある子どもの場合は、一連の活動に見通しをもてるようなスケジュールを組むことが必要となります。特に、自閉症スペクトラムのある子どもは視覚情報の受け取りの方がスムーズである場合が多く、情報を視覚化することが効果的です。統合運動障がいのある子どもにとっても、細かなスケジュールを提示されるよりも、視覚的に提示されることでスケジュールを把握しやすくなると

いったこともあります。しかし、統合運動障がいのある子どもたちは、視覚情報を統合させるのに問題が見られます。スケジュールの視覚化に加え、学習時に必要となるもの（文房具・教科書等）を、同一の視界におさめる工夫も求められます。

　時間の経過を把握しやすいよう、時計や学習サポート用のタイマーを利用する場合がありますが、これはすべての子どもに有効です。

(3) **環境構成**

　ADHDのある子どもは、様々な情報に注意が奪われ、結果、活動への集中を欠いてしまう傾向が見られます。自閉症スペクトラムの子どもは、他の活動に没頭し、目の前の活動に注意を切り替えることが難しかったりします。

　ADHDのある子どもに対しては、できるだけ当該の学習に不必要な情報を視界から取り除くことが求められます。例えば、机を壁側に向けたり、パーテーションで視界を区切ったり、あるいはパーテーションの機能をもった市販の机を用いたりすることが効果的です。自閉症のある子どもに対しても同様に、学習目的以外のものを机のまわりにおかないようにする必要があります。家庭において、学習机に好きなキャラクターのカードやポスターを飾ってしまうと、そちらに気持ちが向いてしまい、学習に気持ちを切り替えるのが難しくなります。自閉症スペクトラムのある子どもは、何をどこに置くのかといった決まったルールがあると、安心して学習に取り組むことができるので、子どもと一緒にルールを決めながら、学習環境を整えていくことも効果的です。統合運動障がいの子どもは、文字の視覚的な認識が弱く、小さな文字を書くことを苦手とします。そのため、用いる教科書・文具については、教科書を拡大したものを用いたり、ノートのマス目を大きいものを使ったり、鉛筆の保持具を利用することで、発達特性からくる困難さを補うことができます。また、書きに強い困難を示す場合は、課題の目標に応じて、パソコン等の機器を使うことも考えてほしいところです。

　子どもの成長に伴い、初めはうまくいっていた取り組みが、次第に合わなくなることも出てきます。一方、成長してからもある種の発達特性に応じた一貫した取り組みが必要な場合もあります。子どもの成長に伴う変化や一貫性を読み取りながら、子どもにとって最適な環境づくりを柔軟に行っていくことが、「学ぶための学びの環境」を構成するうえで必要です（表2-2）。

表2-2　学ぶための学びの環境の配慮

	学ぶ姿勢の確保		時間の管理	環境構成
ADHD	「集中」の身体的イメージを習得（例：1分間集中トレーニングの実施）	衝動性に対応した椅子の使用（例：バランスボール）	学習目標に応じた活動の細分化とスケジュール管理（例：スケジュール表・時計・タイマー）	不必要な情報を，視界から除外（例：パーテンション，パーテーション機能つき学習机）
自閉症スペクトラム		感覚過敏に対応した椅子・クッションの使用（例：低反発座布団・ビーズクッション）	活動の見通しの視覚化とスケジュール管理（例：スケジュール表・時計・タイマー）	
統合運動障がい		粗大運動の問題に対応した姿勢保持用器具の使用（例：クッション）		見えにくさに対応した教材の使用（例：文字の大きい教科書・プリント）書き機能を支援する教材・機器の利用（例：マス目の大きいノート・鉛筆の保持を補助する文具・パソコン）

5．ワーキングメモリ理論に基づいた7つの原則

　ワーキングメモリの小ささから，学習につまずいている子どもを支援する方法は，大きく2つに分けることができます。1つは，子どもがつまずいている学習内容を吟味し，子どものワーキングメモリの特徴と照らし合わせ，学びの多様性に対応した教材を利用しながら，一対一の関係の中で支援する個別指導の方法です。これは，特別支援学級，通常学級における補習授業，塾，家庭学習場面で実施されます。もう1つは，通常学級における授業改善による方法です。この場合，特定の子どもを対象とした個別の教材を用いることは難しいですが，授業の取り組みを改善し，特に，ワーキングメモリの小さい子どもが授業に積極的に参加できる環境を整えていきます。

　個別指導・授業改善に共通して，教師が子どものワーキングメモリ能力に合わせて認知的負荷を最適化するための原則として，ギャザコールとアロウェイ（Gathercole & Alloway, 2008）は，次の7点をあげています。

①子どものワーキングメモリエラーに気づく

　ワーキングメモリエラーとは，過大な負荷によって生じるワーキングメモリからの情報の消失を意味します。教師は，まず，子どもがワーキングメモリエラーを起こしていないかどうか気づく必要があります。ワーキングメモリエラーのサインとして，子どもが課題遂行に必要な情報の一部または全部を忘れてしまっていること，指示通りにできないこと，作業の進行状況を把握できないこと，課題を途中で投げ出すことなどがあげられます。

②子どもをモニターする

　授業中，①のサインが子どもに生じていないかどうか，子どもの状況をモニターする必要があります。ときに，子どもに直接，今，何をしているのか，次に何をしようとしているのかを質問することが役に立ちます。

③ワーキングメモリの負荷を評価する

　ワーキングメモリに対する過大な負荷は，多すぎる情報，なじみがなく，意味的なつながりのない内容，負荷の高い心的な処理活動によって生じます。そこで教師は，子どもに一度に与える情報が多すぎないか，課題が子どもにとってなじみがあり，複数の作業間のかかわりが子どもにとって分かりやすいものであるかどうかを確認する必要があります。

④必要ならばワーキングメモリの負荷を減じる

　子どものワーキングメモリにとって課題の負荷が高いとき，負荷を軽減する必要があります。具体的に，覚えなくてはならない情報の量を減らす，情報に意味をもたせ，慣れ親しませる，心的な処理を単純化し，複雑な課題の構造を変えるなどによって，課題を修正する必要があります。

⑤重要な情報をくり返す

　ワーキングメモリの小さい子どもに対しては，クラス活動に関する一般的な指示，学習中の指示，活動の細かい内容などを教師が丁寧に繰り返す必要があります。ときに，ワーキングメモリの小さい子どもを，ワーキングメモリの大きい子どもと一緒に活動させることも役に立ちます。

⑥記憶補助ツールの使用をうながす

　ワーキングメモリの小さい子どもに対して，ポスター，単語帳，個人用辞典，ブロック，計算機，数直線，九九表，カード，録音機，コンピュータなどの記憶補助ツールの使用を促すことも学習に役立ちます。

⑦ワーキングメモリを支える子ども自身の方略を発達させる

　ワーキングメモリの小さい子ども自身が，必要なとき教師の支援を求める，リハーサルなどの記憶方略を用いる，ノートをとる，長期記憶を利用する，進行状況を把握し，課題を構造化するための方略を利用するなど，ワーキングメモリを支える方略を子どもが自ら使用していけるように励まします。

　7つの原則は，「子どもの理解」と「具体的な支援」に分類できます。①・②・③は，「子どもの理解」を行ううえで，子どものつまずきのサインを読み取りながら，どの課題・場面でつまずいているのか，ワーキングメモリの観点から読み解いていくことを提案しています。④・⑤・⑥・⑦は，「具体的な支援の方法」として，子どものワーキングメモリにかかる負荷を減じる方法やワーキングメモリの小ささを補う手だての方法が提案されています。

　大切なことは，「具体的支援の方法」が「子ども理解」を踏まえている点です。子どもを常に観察しながら，学習のどの場面でつまずいているかを適切に理解していくことで，日々の具体的な支援方法が編み出されていきます。

6．ワーキングメモリを考慮したユニバーサルデザイン

　ワーキングメモリは，個人によってその容量が決まっています。ワーキングメモリの小さい子どもは，ワーキングメモリの小ささから，授業中に示される情報を，一時的に覚えたり，それらを踏まえて考えたりすることができず，学習課題に失敗します。そのため，限られたワーキングメモリを効率的に用いることができるよう，きめ細やかな支援が求められますが，そこで用いられる支援は，同時に，全ての子どもにとっても望ましい学びの環境を提供します。

　これまで提案されてきた特別支援領域における様々な支援方法を，ワーキングメモリの観点から，4つの支援方略に整理し，「ワーキングメモリを考慮したユニバーサルデザイン」（表2-3を参照）として，以下に概説していきます。4つの支援方略は，本書の第3章から第8章までの個別指導の支援方略の柱になっています。具体的な支援例は，6つの授業場面ごとにまとめています。授業改善を報告した第9章の内容を合わせて参考にしてください。

　表2-3を基にしたチェックリストは，第9章に表9-1（p.107）として載せています。ご自身の実践を振り返るためのツールとしてご活用ください。また，ここに示

しました「ワーキングメモリを考慮したユニバーサルデザイン」を参考にしていきながら，子ども・学級・学校の実態に合わせた独自のユニバーサルデザインへと改善していただけたらと思います。

(1) **情報の整理（情報の構造化，多重符号化）**

　情報を子どものワーキングメモリに適切に届けるため，情報の整理を行いましょう。具体的な方法として，情報の構造を簡潔に提示するための「情報の構造化」と，子どもが得意とするチャンネルで情報を受け取れたり補えたりできるよう，情報を言語的・視空間的側面から提示する「多重符号化」があります。

　情報の構造化とは，個々の情報の関連が分かりやすくなるよう情報を整理する支援方法です。この場合，授業全体の構造から個別の課題に至るまで幅広い情報を指します。授業の構成に関しては，「学習（活動）の目標を明確にする」ことがあげられます。授業の冒頭，例えば，「繰り上がりのある足し算をする」といった学習目標を板書することで，その後の活動が目標に向かって構成されていることを子どもは理解しやすくなり，授業中の課題に集中できます。また，授業中に取り組む課題，例えば，繰り上がりのある計算について，計算の手順や考え方を示したワークシートを教師があらかじめ準備し，配布しておくことも効果的です。それにより，子どもは，教師の説明をワークシートが示した考え方の枠組みを利用しながら理解することができます。また，国語の課題に関しても，例えば，漢字を部首別に整理したり，言葉を類義語に分類したりすることで，漢字や言葉の特徴を認識しやすくなります。授業の話し合い活動など，子どもが意見を述べるとき，その意見が長くなってしまったり，伝えたいことはなんだったのか要点が分かりにくくなってしまったりする場合があります。その際，教師は，適宜，子どもの言葉を分かりやすい言葉に言い換えたり，ポイントをまとめたりすることで，情報を整理します。

　多重符号化とは，同じ情報を，音声情報と視空間的な情報に同時に符号化することです。音声的な情報と視空間情報は，別々の短期記憶（言語的短期記憶と視空間的短期記憶）に保持されるため，相互の干渉が起こりにくく，情報の記憶を補い合います。したがって，ワーキングメモリの特定の領域が弱い子どもでも，強いほうの領域で情報を受け取ることができます。例えば，「教科書の○ページ」を開くよう指示をしながら，そのページを板書することがこれにあたります。発音の似ている言葉や聞き誤りやすい言葉は，音声のみを伝えるだけでなく，文字化して示すことで，視覚的情報を手がかりとしながら，子どもは情報をより正確に認識することができます。同様に，

教材・教具も工夫します。文章を読んだり，言葉で説明したりするとき，その内容を絵やイラストなどの視空間的情報で補足的に示すことで，音声情報に視覚イメージが加わり，文章の内容をより深く理解しやすくなります。

(2) 情報の最適化（スモールステップ・情報の統合・時間のコントロール）

子どもが情報を記憶・処理できるようにするため，子どもに与える情報を最適化しましょう。情報を吟味し，一度に伝える情報を少なくすることで，子どもが課題に取り組みやすくなるようにします。具体的な方法として，「スモールステップ」と「情報の統合」があります。

スモールステップとは，複雑な課題の場合は，課題を細かいステップに区切ったり，指示を短くしたりすることで，取り組むべき課題中の情報量を少なくする支援方法です。しかし，課題を細分化することは，課題全体の情報量をかえって増やしてしまったり，細分化された課題が学習全体のどの位置づけにあるのか分かりにくくなってしまったりする可能性があります。そのため，スモールステップによる学習後，適宜，情報の統合を行う必要があります。授業の最後に，学習した内容のまとめを板書することなどは，子どもが各課題のつながりを再認識することができることに加え，情報が統合され，情報量自体を減じることができるため，子どもが学習内容を記憶に留めるのにも役立ちます。

情報を最適化するもう1つの方法は，「時間のコントロール」です。時間のコントロールとは，子どものワーキングメモリを考慮し，課題にかかる時間を想定しながら，時間の設定を調整する支援方法です。ワーキングメモリの小さい子どもは，短い時間に記憶・処理できる情報量に制限があるため，1つの課題を終えるのにより長い時間を要します。子どもにあったペースで時間が配分されれば，子どもが課題を最後まで成し遂げることができるようになります。例えば，課題に要する時間を長く設定したり，考える時間を適宜，付与したりする支援が必要となります。

(3) 記憶のサポート（記憶方略の活用・長期記憶の活用・補助教材の利用）

子どもが積極的に情報を利用できるように，記憶のサポートを行いましょう。具体的な方法として，子ども自身の記憶をサポートする内的サポートと，補助教材等を利用して子どもの記憶を補う外的サポートの2つがあります。このうち内的サポートは，記憶のタイプを意識した支援を行います。1つは，ワーキングメモリに着目します。ワーキングメモリ内に情報を長く留まらせる方法を示し，子どもに「記憶方略の利

用」を促します。もう1つは，長期記憶に着目します。長期記憶から情報を引き出すことで，情報を覚えやすくなることを示し，子どもに「長期記憶の利用」を促します。外的サポートは，記憶すべき情報を減らすことで，ワーキングメモリにかかる負担を減らす方法を示し，子どもに「補助教材の活用」を促します。

　記憶方略とは，情報を記憶し続けるための有効な方法を意味します。例えば，音声情報を口頭で繰り返す口頭リハーサルや，視覚情報を何度も書くなどの書記ハーサル，そして，単語を覚えるとき，声を出して読みながら，その意味を絵で確かめたり，手でノートに書くといったことを同時に行ったりするなど，多重符号化された情報を，多感覚を使って覚える多感覚リハーサルなどは，情報をワーキングメモリ内に留まらせるための効果的な記憶方略です。教師は，子どもたち自身がこうした記憶方略を用いることができるように，まずは方法を具体的に示し，次に子ども自らが行えるよう支援をします。

　長期記憶の利用とは，情報に意味を与えて，情報を覚えやすくことです。例えば，1，1，9，2の4個の数字をそれだけで覚えようとすると，覚えにくく，すぐ忘れてしまいます。しかし，「いい国つくろう，鎌倉幕府」と語呂合わせを行い，意味を付与すると忘れにくくなります。それは，1192という4つの数字が，「いい国」という1つのイメージにより，情報の集約が図られていることに加え，鎌倉幕府は新たな国造りであった点を数字の語呂と重ねることで，長期記憶にある情報を活用しながら，具体的な数字を新たに記憶することを助けます。このように，長期記憶の利用を促すことで，子どもが情報をワーキングメモリに保持しやすくなります。授業の構成に関しては，前回の授業内容の振り返りを行うことで，新たな学習内容をすでにもっている知識と関連づけて覚えていくことができます。授業の枠組みが毎回変わることは，子どもにとっては，新奇な情報が新たに加わることを意味します。そのため，授業の流れがある程度見通せるような授業構成になっていることも，長期記憶を配慮した支援と言えます。

　補助教材の活用は，補助教材の活用は，覚えておくべき情報や参照すべき情報などを外部記憶にいつでも頼ることができるように環境を調整する支援方法です。複雑な計算をする際，九九表を近くに置きながら，計算問題を解いたり，作文の課題の際に，「いつ」「どこで」「だれが」「どうした」「どのように」といったキーワードを記したプリントを参照できるように教材を用意することなどの支援がこれにあたります。

⑷注意のコントロール（選択的注意・自己制御）

　子どもが特定の課題に注意を向け学習の構えを作りやすくするため子どもの注意をコントロールしましょう。具体的な方法として，より重要な課題に子どもが目を向けることができるようにするため「選択的注意」と，子ども自らが課題に取り組もうとしていくための「自己制御」があります。発達特性に応じた，学ぶための学びの環境調整については，4．の「学ぶための学びの環境」をご参照ください。

　選択的注意とは，何をすべきかといった課題の目的に着目しやすくしたり，学ぶべきことがらに注意を向けやすくするための支援方法です。いったん，子どもの注目を集めてから（「はい，聞きましょう」など），指示を出したり，全体の指示を出した後，特定の子どもに向けて，個別に指示を出したりすることや，学習の流れの中で，今，何が行われているかを適宜明示することも，子どもの注意を課題に向けるのに役立ちます。

　自己制御とは，自らが学習に取り組んでいけるような支援方法です。例えば，子ども自身に，自らの学習の理解度や進度をモニタリングするよう促したり，効果的な学習方法を積極的に採用するよう促したりするなど，いわゆるメタ認知を活用しながら学習に取り組んでいけるようにする支援方法です。ワーキングメモリが小さい場合，メタ認知を活用することに難しさがあり，ついつい受け身の学習に留まってしまうことがあります。自分の特性に応じた学習方法を子どもが主体的に選んでいけることで，学習の質の向上を目指します。

　表2-3は，4つの支援方略と6つの授業場面を想定し，そこでの支援例を整理したものです。4つの支援方略を，子どもや授業の実態に応じて，複数採用していくことで，初めて，子どもにとって有効な支援となりえます。支援をいかに組み合わせていくか，教師の力量が問われるところです。ワーキングメモリの観点から行う支援方略は，クラス全体にとって分かりやすい授業づくりを行うことにもつながります（第9章）。ワーキングメモリに考慮したユニバーサルデザインの実践は，すべての子どもに役立ちます。

表 2-3 ワーキングメモリを考慮したユニバーサルデザイン

授業の場面 \ 支援方略	情報の整理 情報の構造化 多重符号化	情報の最適化 情報の細分化 スモールステップ 情報の統合 時間のコントロール	記憶のサポート 記憶方略の活用 長期記憶の活用 補助教材の活用	注意のコントロール 選択的注意 自己制御
授業の構成	・学習（活動）の目標を明確にする（子どもを主語にして、「〜する」「〜できる」と表現する）	・授業を短いユニットに分ける ・学習（課題解決）のプロセスを細かく区切る ・最後に授業を振り返り、まとめる	・最初に前回の授業の内容を確認する ・学習の流れをパターン化する	・学習の流れを明示し（板書またはカード）見通しをもたせる ・学習の自己評価をさせ、シールなどのトークンシステムを採用する
学習形態・学習環境・学習のルール	・音声情報、視空間情報、触覚など多感覚を利用する ・作業の手順を図式化するなど、視覚的に提示する	・考える時間や問題解決の時間を十分にとる ・課題の量を子どもに応じて調整する	・漢字や九九など、子どもが分からないときに、すぐに参照できるカードなどを準備する	・ペア・グループで活動する ・学習のルール（支援が必要なとき、話すとき、聞くとき、姿勢など）をあらかじめ決める
指示の出し方・発問や説明の仕方	・大切な指示は文字で示す ・「教科書の○ページ」のように、説明に対応する箇所を板書するなどして明示する	・短い言葉で簡潔に指示する ・指示や発問を繰り返す ・発問を選択式にする ・「要点を3つ話します」のように聞きやすい工夫をする ・指示代名詞は使わない	・あらかじめ話の要点や関連する事例をあげる ・必要な情報を覚えるための記憶方略の利用を促す	・注目させてから（「はい、聞きましょう」など）指示を出す ・子どもに指示や話の内容を復唱させるなどして、理解度のモニタリングを促す ・活動の途中、こまめに声をかける ・全体指示の後、必要な子どもに個別に指示をする
教材・教具	・絵やイラストなどの視空間的情報を使い説明する ・考え方が分かるようなワークシートを準備する	・ワークシートを活用し、授業のユニットごとに、目標とする活動に子どもが専念できるようにする	・よく知っている事例や具体物を使い、説明する ・ワークシートで類似した問題を解かせる	・必要な教材以外は、机の中に片づける
板書の工夫・ノート指導	・発音の似ている言葉や聞き誤りやすい言葉を板書する ・マス目や線を利用して文字や数字の位置を見分けられるようにする	・話を聞くときと書くときは時間を分ける ・ノートを取る箇所は、「ノート」と書いたカードを示す	・板書の仕方やノートの取り方をパターン化する	・色チョークや色ペンを効果的に用いる（大事なところ、キーワードに線を引く、漢字の偏やつくり、部首を色分けするなど）
子どもの発表・作文	・子どもの発表後、教師がそのポイントを整理する	・教師が子どもの発表を適宜、区切り、リヴォイシングを行う ・ワークシートを活用し、子どもが文章を補い、作文を完成させる	・教師が子どもの発表を教材や分かりやすい事例と対応づける ・よく知っているテーマや経験した出来事を取り上げる	・発表の仕方のルールを決めて、カード等に明示する ・作文の手がかりを書いたカードを利用するよう促す（「いつ」「だれが」「どこで」などの5W1H、「はじめに」「つぎに」などの接続詞）

COLUMN
❷
教室の中の環境づくり
ある若手教師のブレークスルー

　授業場面での子どもの支援を考えるとき，今話題の言葉は「ユニバーサルデザイン」です。ユニバーサルデザインは，どの子にも分かる授業の工夫を指します。これは何か素晴らしい授業の方法があると思われている節もあるのですが，実際は違います。自分のクラスの子どもを想定し，自分のクラスの子ども一人ひとりの特性を知り，その子に応じた指導や展開を考えていくことがユニバーサルデザインの基本です。

　堺市では，特別支援教育の次世代のプロフェッショナルを育成するために，若手の先生を中心として，通常学級の授業改善，つまり，ユニバーサルデザインを中心とした研修に取り組んでいます。

　特別支援教育では，黒板周りはすっきりと整理し，子どもの気が散らないように配慮すべきであるといったことがよく言われます。こうした視覚刺激の調整をワーキングメモリの観点から考えると，ワーキングメモリの小さい子どもは，黒板周りの情報ですぐにワーキングメモリがいっぱいになってしまうので，結果，大事な学習の内容を記憶することができなくなくなるのです。

　研修に参加していた若手教師は，このことは分かっていました。しかし，一方で，子どもが活躍の場を得ることができるクラス活動についても掲示したいという思いがあり，それらにいかに折り合いをつけるべきか悩んでいました。

　その結果が，カーテンでした。授業時には，カーテンを閉じ，刺激を遮断します。カーテンを開け，クラス活動に目を向けさせます。子どもを理解する力と問題を解決しようという前向きな思いが，ブレークスルーを生んだのでしょう。若手教師が生み出した，どの子にも優しい学びの環境がひとつここにつくられました。

（山田　充）

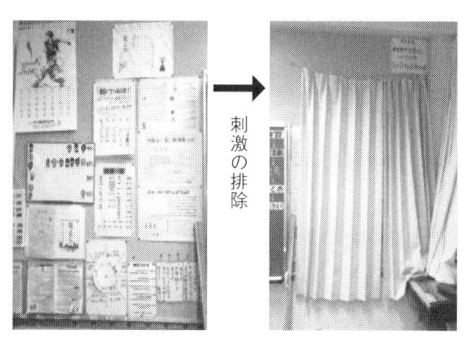

黒板横の環境例

第3章 読み

　読むことは学校生活や社会生活で必要とされる基本的な力であり，国語だけでなく他の教科も含めた学習全体に影響します。また，様々なメディアを通して，社会の情報を取り込んでいったり，物語や小説を通して，登場人物に共感しながら心を動かす体験をしたり，生きる智恵を学んだりすることができます。つまり，読みは，学習のベースになると同時に，現代の社会を，よりよく生きるための重要なスキルの1つであると言えます。

1. 読みとワーキングメモリ

(1) 初期の読み

　初期の読みは，単語の文字を音に系統的に対応づけ，音声情報へと変換しながら，構音システムを用いてアウトプットします。両者のプロセスには，言語的短期記憶と音韻認識の利用が欠かせません。音韻認識とは，ある言語の音声の構造を分析し，音素や音節を認識し，操作するスキルをさします。例えば，5歳児がしりとり遊びをしているとき，「しりとり」に続いて，「り」を語頭にもつ「りんご」を選び出すことができるのは，一連の単語から音を切り出す能力や，特定の音を語頭にもつ単語を検索する能力をもっていることを示しています。こうした音韻認識のスキルがあるおかげで，言語的短期記憶内で保持される情報はより正確に表象されます。したがって，言語的短期記憶内の音声情報の表象の質と，言語的短期記憶そのものの大きさが相補的に言葉の獲得や初期の読みを支えています。

(2) 読みの熟達

　読みが熟達すると，読み手は，個々の単語から文の意味を理解し，さらに複数の文の意味をつなげて，文章に描かれている状況をイメージしていきます。その際，単に，

言語的短期記憶内で，単語や文の情報を内的に保持するだけではなく，長期記憶から関連する知識を用いるなどしながら，状況を整理するといった複雑な認知処理が同時に行われます。実際，読みに熟達した成人を対象とした研究は，一貫して，言語性ワーキングメモリのほうが言語的短期記憶よりも読解の能力の個人差を予測することを示しています。

2．読みの困難

　たろうくんはLDと診断された小学校4年生です。幼稚園までは学習の困難さに気づかれることはありませんでした。小学校に入りました。夏になってもひらがなが十分に読めず，クラスの友だちに比べて「自分はバカだ」などと言うようになりました。家や学校で文字カードを使ってひらがなを読む練習をしても覚えることが難しい状態でした。知能検査を受けましたがIQは平均的な範囲にありました。やがて支援を受け，ひらがなが読めるようになりました。しかし一文字一文字を読むのに精一杯で，小学校中学年の頃でも「ほ・・く・・は・・」と逐字読みをしていました。言葉の覚え間違えも多くありました。「こいのぼり」を「こいぼり」と覚えるなど，音声の脱落が見られ，「エレベーター」を「エベレーター」と発音するなど，音声の置換も起こっていました。

　たろうくんのワーキングメモリテストの結果，言語的短期記憶や言語性ワーキングメモリに大きな困難があることが分かりました。このことが，ひらがなや漢字の読みも難しくさせていました。

　たろうくんはひらがなの読みの学習を始めた頃，こいのぼりの絵と言葉が印刷されている紙を見ました。たろうくんは【こいのぼり】という言葉を1文字ずつ指で押さえながら「こ・い・ぼ・り」と自分で読もうと試みました。このとき【こ】は「こ」，【い】は「い」と当てはめることができましたが，【の】は「ぼ」，【ぼ】は「り」と当てはめてしまいました。言葉の音の順番を間違えて覚えていたため，読みを学習するとき，字に間違った音を当てはめて学習する可能性が高まっていました。言葉を構成する音声情報と，音の系列についての順序情報の学習は，言語的短期記憶に支えられています。そのため，言語的短期記憶の弱さは，単語に含まれる音声の混乱を招きます。

　漢字の学習をするとき，【鳥，牛，馬，雪】と印刷された紙を見て読み方を教わりましたが，テストになると言葉を忘れてしまい「とり，うし，ゆき」と答えていまし

た。【鳥】は「とり」,【牛】は「うし」と当てはめることができましたが,【馬】に「ゆき」と間違って当てはめて,【雪】に読み方を当てはめることはできませんでした。いくつかの原因が考えられますが,漢字とその読み方を対応させて学習するよりも,新たに出会った言葉そのものを覚えることでワーキングメモリの容量がいっぱいになっていたのかもしれません。誤った学習を後に修正するには,さらなる学習が必要となりますので,初出時の学習の重要性は明らかです。

　漢字については,音訓読みがあり,そのことがまた学習を難しくしています。例えば,「上」という漢字に対して「うえ,じょう,あがる,のぼる」などの複数の読み方が対応しますが,言語的短期記憶に困難があれば,それらの複数の読み方をすぐに覚えることは難しく,【馬車】を「うまぐるま」と読むように1つの漢字に1つの音で読もうとする傾向が見られます。

3．支援の方法

(1)文字の読み

　たろうくんのように言語的短期記憶や言語性ワーキングメモリに困難のある子どもの場合,刺激等価性に基づく「見本合わせ法」(中山ら,1997)が効果的です。「見本合わせ法」とは,「見本」を提示し,次にいくつかの「選択肢」を提示して,「見本」と同じものを選択させる方法です。

　絵と文字を対応させ提示することで,言語領域のワーキングメモリの弱さを視覚情報で補います。見本に対応する言葉を,選択肢から「選ぶ」ことを繰り返しながら,絵に対応する音のイメージを全体的につかんでいきます。見本合わせ法による読みの学習は,全体から部分へと進めます。言語的短期記憶に困難を抱える子どもの場合,最初に,一文字読みの学習から開始すると,短期記憶内に一文字一文字(「き」「り」「ん」)が表象され,言語的短期記憶がすぐにいっぱいになってしまう傾向があります。しかし,「きりん」について,言葉・意味・読みの統合されたイメージが長期記憶にしっかり形成できていれば,「き」「り」「ん」という音声を「きりん」という1つのまとまりの表象の中でとらえることができ,言語的短期記憶にかかる負担も軽減されます。

　たろうくんに対する読みのアプローチでは,まずは,ひらがな読み・漢字読みの支援から開始し,文章を構成する単語・漢字の読みの力をつけていきます。次に,文章の読みにおいて,単語・漢字の読みの力を頼りにしながら,文章全体のテーマを理解

することを学習の目標とします。文章の読みの段階になると言語性ワーキングメモリに対する負荷が高まります。読みに関する負担を，視覚的手がかりや設問を工夫しながら適宜，軽減させていくことで，たろうくん自身が，文意をくみ取っていけるよう支援していきます。

実施方法

①絵と文字が印刷されている紙を示します。子どもは，それぞれの言葉の場所を覚えます（図3-1のA）。

②見本カードは裏返します。見本カードと同一のひらがなカード（選択カード）を選択肢から選びます（図3-1のB）。選択カードを絵の下に置いて裏返します。

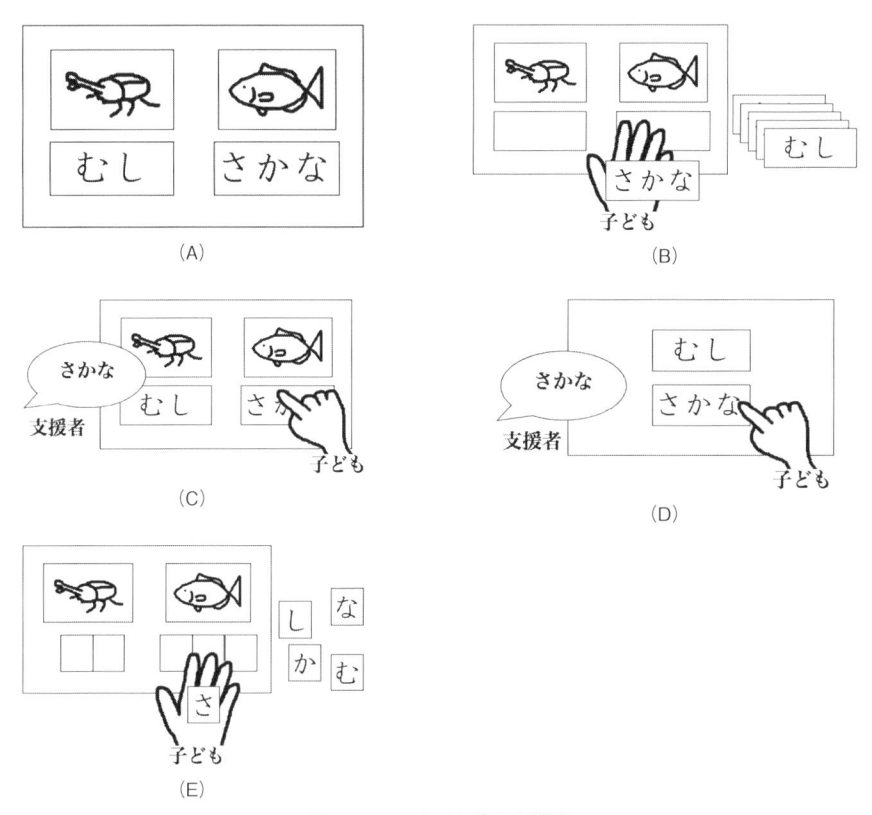

図3-1　ひらがな読み支援例

③支援者が，言葉を音声提示します。子どもは，該当する見本カードを指さします（図3-1のC）。
④絵の情報を取り去ります。支援者が，見本カードを示したのち，言葉を音声提示します。子どもは，該当するひらがなの見本カードを指さします（図3-1のD）。
⑤言葉の文字数に応じて，枠を提示します。一文字カードを，マス目に1文字ずつ並べます（図3-1のE）。最終的に，マス目に字を書くことで回答を求めます。

● 支援方略

● **実施方法①の際に使用する方略**
　情報の最適化：学習個数を2つとします（個数の調整可）。
　注意のコントロール：学習すべき言葉を明確化します。
　情報の整理・記憶のサポート：写真や絵により，言葉の意味を定着させます。

● **実施方法②の際に使用する方略**
　記憶のサポート：見本カードの情報を短期的記憶に保持するよう促します。
　情報の最適化：選択肢による回答で，再生にかかる負荷を軽減させます。
　情報の整理：選択カードにより「ひらがな」の視覚イメージを定着させます。

● **実施方法③の際に使用する方略**
　情報の整理：言葉・意味・読み（ひらがな）の関連を整理します。
　記憶のサポート：回答を通して，読み（ひらがな）と意味（長期記憶）を関連づけます。

● **実施方法④の際に使用する方略**
　情報の整理：言葉・読み（ひらがな）の関連を整理します。
　記憶のサポート：回答を通して，読み（ひらがな）と文字の視覚情報を関連づけます。

● **実施方法⑤の際に使用する方略**
　情報の整理：枠を視覚的に提示することにより，言葉に含まれる文字数を示します。
　記憶のサポート①：一文字カードの並べ替えにより，長期記憶内にある言葉のひらがなの情報と順序情報を精緻なものにしていきます。
　記憶のサポート②：筆記での回答を求めることにより，書記リハーサルを促します。

(2)漢字熟語の読み

　漢字についても，先に紹介した見本合わせ法が効果的です。漢字には「下」を「した」「げ」「か」と読むなど複数の読み方がありますが，いきなりたくさんの読み方を学習することは言語的短期記憶の負担を過度に高めます。最初は1つの漢字について1つの読み方を確実に学習するとよいでしょう。漢字は数が多く，学校教育の期間に新しい漢字が次々と現れ，また同じ漢字でも異なった読みの漢字熟語が無数に現れます。例えば「風（かぜ）」と「車（くるま）」で「風車（かざ・ぐるま）」とも「風車（ふう・しゃ）」とも読み，それぞれに意味に違いがあります。ある程度，言葉の力が高まったところで「風車（かざぐるま）」は「風が吹くと回るおもちゃ」，「風車（ふうしゃ）」は「風からエネルギーを作るもの」のように言葉によって意味を強めることも大事になるでしょう。

　漢字の読みに関する課題は，ワークシートを4つの場面にスモールステップ化し，最終場面では，漢字の形態・読み・意味を統合します。

実施方法

①最初に，支援者が「1．もんだい」の文を読み，「2．こたえ」に書いてある読

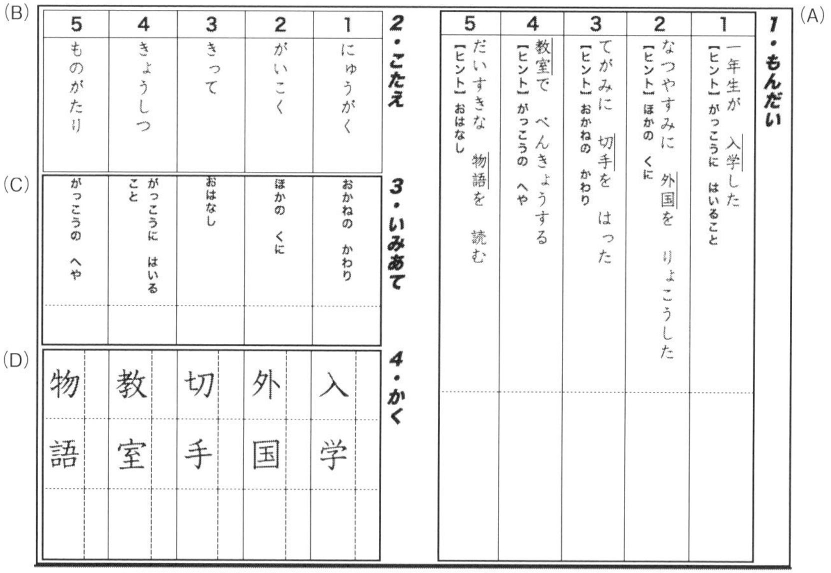

図3-2　漢字読み支援例

み方を子どもに読ませたりしながら，漢字熟語の読み方と意味を子どもと確認します（図3-2のA・B）。

②紙を半分に折り，読み方を隠します。そして，支援者が「1．もんだい」中の漢字熟語部分以外の文と意味とを読み，漢字熟語は何と読むのか，子どもに思い出させます（図3-2のA）。

③次に紙を反対にします。「3．いみあて」の課題を行います。言葉の意味がばらばらの順番で印刷されていますので，それぞれの意味にどの言葉が当てはまるのか，番号を書いていきます（図3-2のC）。

④「4．かく」の課題を行います。熟語の右横に読み方を書きます（図3-2のD）

支援方略

● **実施方法①の際に使用する方略**
　情報の最適化：学習個数を5つとします（個数の調整可）。
　情報の整理：熟語・意味・読みの関連を整理します。
　記憶のサポート：口頭の読みを求めることにより，口頭リハーサルを促します。

● **実施方法②の際に使用する方略**
　記憶のサポート①：言語的短期記憶に保持されている情報を，意味（長期記憶）と関連づけながら，思い出します。
　記憶のサポート②：口頭の読みを求めることにより，口頭リハーサルを促します。

● **実施方法③の際に使用する方略**
　情報の整理：意味・読みの関連を整理します。
　情報の最適化：選択肢による回答で，再生時にワーキングメモリにかかる負荷を軽減させます。

● **実施方法④の際に使用する方略**
　情報の整理：熟語・意味・読みの関連を整理します。
　記憶のサポート：筆記での回答を求めることにより，書記リハーサルを促します。

ただし注意が必要なのは，「単語の意味を学習する」とは，例えば「『車両』とは乗り物のこと」と教えることで終わらないことです。これだけでは学習する言葉にさらに新たな情報を追加するだけであるため，かえってワーキングメモリの負担が高まる可能性すらあります。意味を学習するためには，いくつかの言葉が印刷された紙を見ながら「乗り物を表す単語はどれ？」と質問することなどを通して，言葉の「音」と「意味」とをつなげていくプロセスが必要です。前述の漢字熟語読みのワークシート

はそのようなプロセスが含まれるように意図して作っています。

(3) **文章の読み**

(1)と(2)においては，特定の単語に焦点化した読みの学習，例えば「はな」や「花」という単語の読み方を支援する一例を提示しました。次は，主語・目的語・述語があらわす個別の単語の理解に加え，前後の単語をつなげ，文全体として理解するための学習へと歩みを進めます。

言語的短期記憶や言語性ワーキングメモリに困難さを抱える子どもは，文章をただ音読するよう求められても，読むことだけでワーキングメモリ容量がいっぱいとなり，意味を理解する学習につながらないだけでなく，子どもにとっても退屈なトレーニングになってしまう場合があります。

文章の読みに関する課題は，2つの場面より構成されます。また，各プリントは，読んだうえで設問に答えるといったように，活動が区切られています。最終的な設問において，言語情報のみを手がかりとすることにより，読みと意味の言語的な統合を行います。

1枚目・2枚目のプリントでは，それぞれ，読み用文章と設問を上段と下段に配置し，読みと設問を繰り返しながら，一文一文を正確に読みとっていけるよう計画されています。このように絵に線を引いたり，○で解答することは，視覚的な意味の支えとなり，子どもが文の意味について積極的に意味表象を生成することにつながると期待できます。

 実施方法
①子どもが3つの文を読みます（図3-3のA）。
　次に，文章中の主語と述語を，線を引くことで絵と絵をマッチングさせます。
②子どもが3つの文を読みます（図3-3のB）。
　子どもは3つの設問を読み，答えます。

 支援方略
● **実施方法①の際に使用する方略**
　情報の整理：読み用文章と設問を上段と下段に配置します。読み用文章に，主語，目的語，述語の間に空白を入れ，読みの支援をします。
　注意のコントロール：意味を尋ねる設問に対して選択肢を文章の数より1つ多くすることで，「選ぶ」作業を3つ目の文章の問いにおいても成立させます。

第3章　読　み

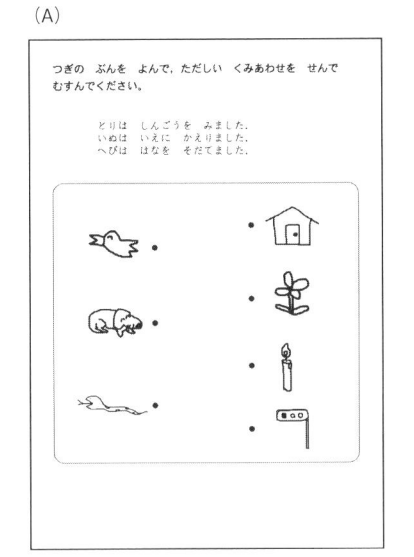

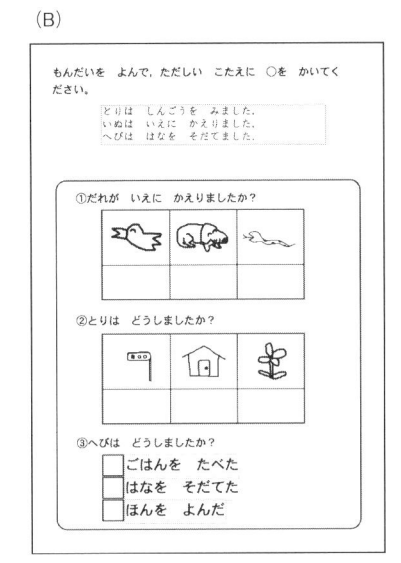

図3-3　文章読み支援例

　　情報の整理・記憶のサポート：写真や絵により，文章の意味を定着させます。
　　記憶のサポート：文章を既知の単語で構成することで，言語的短期記憶にかかる
　　　負荷を軽減します。
● 実施方法②の際に使用する方略
　　情報の整理：読み用文章と文章の意味を尋ねる設問を上段と下段に配置します。
　　　設問に，主語，目的語，述語の間に空白を入れ，読みの支援をします。
　　記憶のサポート：①②の設問では，写真や絵を手がかりとすることにより，文章
　　　の意味を表現する支援を行います。

　主語と目的語を視覚情報で表すことで文章の意味の表象を促す工夫をしました。しかし，それに合わせた述語を学習材料としたために，「へびは　はなを　そだてました」といったような，やや風がわりな文章を用いることになりました。内容は，非現実的であり，そのことがかえってワーキングメモリの負荷を高めるといったことも考えられます。しかし，実際の支援においては，動物が主人公の物語も多いためでしょうか，こだわりの強い子どもも，文章の内容に関する違和感を示すことはなく，自然に受け入れています。もし「花の絵」のかわりに「花を育てる絵」を使ったなら，

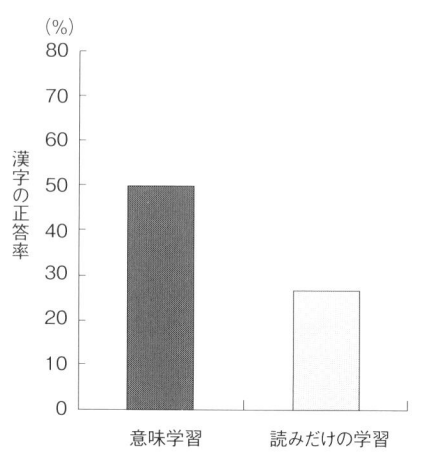

図3-4　漢字習得における意味学習の効果

「へびの絵」と「花を育てる絵」を視覚的な表象として統合しにくい可能性も考えられますが，この場合でも問題はなさそうです。「へびの絵」は，主語となる文章中の「主人公」として，「花を育てる絵」は，主人公の「動作」として，子どもにとって符号化されやすく，そのことが子どもの文章としての意味表象を支えると考えられます。こうした支援を受けながら，主語・目的語・述語の構成を理解できるようになると，視覚情報の手がかりを用いた学習材料を用いる必要はなくなり，初めて読む文章もスムーズに理解できるようになります。

　さて，子どもの認知的な特性にマッチした学習方法は，どの程度の効果があるのでしょうか。

　先ほどの漢字の読みを学習する課題におけるたろうくんの学習の伸びを次に示します。新出漢字において意味学習を行った場合と，ただ読み方を教えられた場合の1週間後の漢字の正答率を比較してみたところ，図3-4に示すように意味学習が，読みだけの学習に比べ，漢字の正答率が2倍程度になっていました。

　子どもにマッチした学習方法を実施することで，子どもにとって，学習はもはや，できなくてつまらないものではなく，分かって楽しいものに変化していきます。

COLUMN 3

読みを支える「聴く」体験
質の良い本を「聴く」ことの大切さ

　初期の読みにおいては，子ども自身が，わくわくする質の良い物語を「聴く」という体験を重ねることも大切です。小学校に入学すると，それまで絵本の読み聞かせに熱心であったお母さんが，一転して，子どもに読むことを強いることがあります。もちろん，トレーニングとしての読みも大切です。しかし，読みを開始したばかりの頃は，読むという行為自体にワーキングメモリの資源が奪われてしまい，理解を深めたり，イメージを広げたりしていくのは難しいものです。絵本をよく読んでもらっていた子どもたちが，とたんに，本嫌いになってしまうは，案外，読みの学習を始めた頃に，物語を耳で楽しむ体験から遠ざけられてしまうからかもしれません。

　通常学級で小学校3年生を担任していた山本茉莉氏は，毎日，朝の会で読み聞かせを実践しました。クラスの中には，物語を聴ける子どもと聴きにくい子どもが確かにいました。そこで，『ロシアの昔話』（内田莉莎子編・訳，福音館書店）という昔話集から，毎回，1つのお話を読むことにしました。2か月もすると，クラスの子どもに，変化が見られ始めました。1つは，当初は物語を聴きにくかった子どもたちが，次第にのってきて，その時間を楽しみにし始めたこと。もう1つは，子どもが学級文庫を借りるときに，『ロシアの昔話』の中のこのお話が好きだったと言いながら，お話の好みを山本先生に伝え，先生と一緒に，学級文庫から自分が読みたい物語の本を選び出し始めたことです。昔話の読み聞かせを通して，物語の「枠」が子どもの中に入り，新たなお話が聞きやすくなったことが推測されます。そして，昔話には，冒険・力くらべ・恋愛など多様なお話があるため，それを手がかりに，自分の好きな物語を見つけられるようになったのでしょう。

　さて，クラスでは，『とぶ船』（ヒルダ・ルイス，岩波書店）や『ドリトル先生』（ヒュー・ロフティング，岩波書店）シリーズなど，より長いお話が選ばれるようになり，読み聞かせは，毎朝続けられました。長編の物語になると，朝の会が終わっても，物語の次の展開を予想しながら，子どもたち同士がおしゃべりに花を咲かせる様子が見られるようになました。もちろん，良質の物語を「聴く」力は学習の様々な場面で発揮されるのでした。

　様々な物語の「枠」をもつ昔話もまた，聴く力を育てるために重要なツールとなりえます。

（湯澤美紀）

第4章 語彙

　新しい言葉の習得は，すべての学習で必要です。子どもにとって新しい言葉は，国語の教科書で取り扱われる新出漢字や熟語，「直角」や「平行四辺形」といった図形をはじめとする算数の理解に必要となる用語，地域の暮らしの様子や歴史を伝える用語など，多岐にわたります。中には，生活科や総合の時間など，実際の社会とのかかわりの中で出会うような生活に密着した言葉もあれば，「入場門」「来賓」など運動会といった特定の場面でしか耳にしない言葉もあります。様々な場面で語彙習得が求められます。

1. 語彙習得とワーキングメモリ

　言葉の獲得は，新たに出会った音の系列が正確に知覚され，言語的短期記憶内で正確に表象されることで，その後のリハーサルや長期記憶へ転送が可能性となります。言語的短期記憶は，非単語と言われる実在しない音声情報を反復するといった課題で測定することができます。この能力は，初期の語彙獲得と直接的な関連が見られます。子どもが音声を聞き，その音声を正確に反復するといったごくシンプルな行為が，言葉の学習に重要な役割を果たしているのです。

　ギャザコールとバッドリーは，4歳の非単語反復と5歳の語彙獲得との関連について検討を行いました（Gathercole & Baddeley, 1989）。その結果，4歳の非単語反復の成績が1年後の語彙量を予測することを示しています。さらに，5歳児を対象とした研究では，人形に新奇な名前（例：「パイマス」）と既知の名前（例：「ピーター」）をつけ，その名前を記憶するよう求める課題を行ったところ，非単語反復の成績の低い子どもは，高い子どもよりも，新奇な名前の学習で劣っていましたが，既知の名前の学習に関して両者に違いは見られませんでした（Gathercole & Baddeley, 1990）。つまり，言語的短期記憶は，新奇に与えられた音声情報の学習を支え，初期の発達段

階において後の語彙量を予測します。

2．語彙習得の困難

　けんたくんは知能検査では全般的な知的発達に遅れはない子どもです。しかし新しい言葉を覚えることに極端な苦手さがありました。「へいこうしへんけい」と覚えようとしても「へい・・・」と途中までしか言えなかったり，その時は言えてもしばらく経つと忘れたりします。集団の学習場面では指示を聞くと「頭がいっぱいになる」ため，本人も指示を覚えられないことを負担に感じているようでした。

　けんたくんのワーキングメモリテストの結果，言語的短期記憶や言語性ワーキングメモリに大きな困難があることが分かりました。特に，「非単語反復」という言語的短期記憶を測定する検査が苦手でした。この検査では「とぬたせれ」という非実在語を聞いてその通りに言います。しかしけんたくんは「とぬ・・れ」のようにうまく言うことができません。こうした特徴のため，運動会の練習場面で，「あれが入場門だ」と言われても「にゅうじょうもん」と覚えることが難しく，「入場門に集合」と指示があったとき，どこに集まるのか分からないことがありました。

　国語の教科書を読んでいるとき，「森林」という言葉と出会いました。その時は，漢字の右側に「しんりん」とふりがながふってあったため，問題なく読めました。読み進めていくうちに，再び「森林」が現れました。今度はふりがながふられていません。けんたくんは文章を読んでいる間にさっき読んだ言葉を忘れてしまい，最初に出てきたところまで戻って言葉を確認しなければいけませんでした。こうしているうちに，自分がどこを読んでいたかさえ見失うことがしばしばありました。

　学年が上がり，けんたくんのクラスメートはたくさんの読書をするようになりました。子どもは読書を通じて，語彙を増やすことができます。しかしけんたくんは，語彙の少なさが，読みの問題を引き起こしつつあったため，自発的な読書をほとんどせず，結果，語彙を増やす機会そのものが少なくなっていました。

　一方，物事の意味はよく理解できます。例えば「ひょうしぬけ」という言葉が教科書に出たとき，言葉そのものを覚えることは難しかったのですが，この言葉の意味を説明されるとけんたくんは「お兄ちゃんのおもちゃを壊してしまって，あやまりに行ったら，別にいいよと言われて，がくーっとなった」と自分から例をあげることができました。

3．支援の方法

(1)音のイメージ化

　語彙学習の最初の支援は，子どもが知らない言葉を見つけることです。支援者は教科書を使用して，けんたくんが知らない言葉を同定することにしました。文章を読んで「『りゅうぼく』って知っている？」「『りゅうぼく』ってどんなもの？」「『りゅうぼく』はどんなふうに使う？」と聞きます。言葉を知っているか否か，辞書的定義や文脈的な理解を問うと，子どもが言葉を知っているかどうかの大枠が分かります。ただし，知らない言葉を見つける作業は，子どもにとっても大きな負担になるので，次回の学習用の言葉が見つかったら，作業を終了します。

　けんたくんは，「りゅうぼく」の意味は「流れてきた木」と学べば分かりましたが，「りゅ‥く」のように言葉の音を覚えることができませんでした。何回練習してもうまく言えず，次第にパニックになり自分の頭をたたき始めました。

　言葉を覚えるうえで，何回も暗唱したり，紙に書いたりすることは，本来，効果的な記憶方略です。しかし，言語的短期記憶に困難のある子どもにとっては，そのことばかりを強いてしまうと，多大な負担となる場合があります。

　言語的短期記憶に困難さのある子どもについては，学習しようとする言葉についての音のイメージをしっかりともたせてあげる必要があります。言葉の意味を支えとしながら，言葉の意味と音声に対する既知度を増していき，次に，言葉の音に関する明確なイメージを形成していきます。その後，子どもに言葉を具体的に声に出すよう促し（口頭リハーサル），言葉の定着をはかります。

　「言葉の音のイメージ」の定着に関する課題は，4つの場面から構成されます（図4-1）。写真・イメージは，常に同一のものを用い，情報量をコントロールします。学習の最終段階で，音声情報と視覚情報が統合されます。

実施方法

①言葉と対応させた4つの絵を提示し，支援者が絵の意味を説明します（図4-1のA）。

②「流れてきた木は？」などと支援者が尋ねます。その絵を子どもが指さします。正解したら，直後に「りゅうぼく」と支援者が音声で伝えます。

③「りゅうぼく」という言葉を支援者が音声で伝えます。子どもはその言葉が表す絵を指さします（図4-1のB）。

(A)

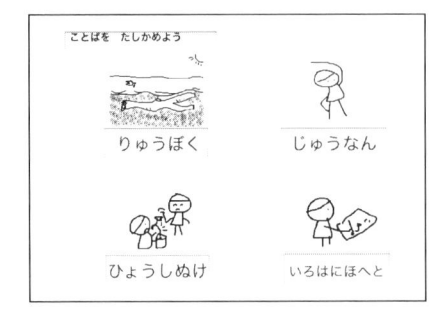

(B)

(C)

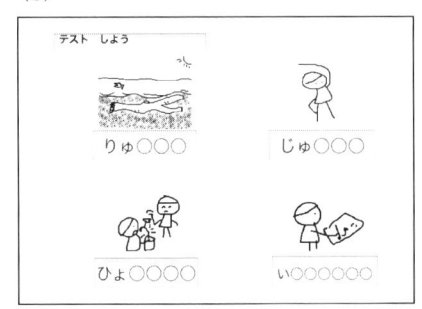

図4-1　音のイメージ化の支援例

④絵と語頭ヒントを見て，子どもがこたえを音声で伝えます（図4-1のC）。

支援方略

●**実施方法①の際に使用する方略**

　注意のコントロール：学習すべき言葉を設定します。

　情報の最適化：学習個数を4つとします（個数の調整可）。

　情報の整理・記憶のサポート：写真やイメージ図により，言葉の意味を定着させます。

●**実施方法②の際に使用する方略**

　記憶のサポート①：意味に焦点化した質問を行うことにより，言葉の意味を定着

させます。

　　記憶のサポート②：支援者が言葉を正確に音声提示することにより，聴覚リハーサルを促します。
● **実施方法③の際に使用する方略**
　　情報の整理：「〇〇〇〇〇」といった記号を視覚的に提示することにより，言葉に含まれる文字数を示すとともに，拗音・撥音の存在の有無をとらえやすくし，音のイメージを分析的に再構成します。
● **実施方法④の際に使用する方略**
　　情報の整理：意味・文字・音声の関連を整理します。
　　記憶のサポート①：言葉の語頭を提示し，子どもの長期記憶を活性化させます。
　　記憶のサポート②：口頭での再生を求めることで，口頭リハーサルを促します。

(2) 語彙定着

　言葉の意味を支えにした「言葉の音のイメージ」の学習が進めば，次は，新たに学んだ言葉の意味を文章から理解したり，別の説明を補足的に学んだりすることで，文章の意味理解を深めます。また，同時に，新たに学んだ言葉を長期記憶から何度もワーキングメモリ内に表象することで，音のイメージをより強固なものにします。

　ある程度の学習が進んだうえで，質問に対して筆記で答えるよう求めます。これは，書きの単純な繰り返し作業を求める課題とは異なり，「分かった」という喜びの感覚を子どもから引き出します。そのうえで，書く作業へ移行していくことで，音声情報のみのリハーサルに留まらず，多感覚的（視覚・運動）なリハーサルを促すことにつながります。これらの一連の作業を通して，語彙の定着を促します。

　語彙を定着させる課題は，2つの場面から構成されます。最終的にプリントを広げると，5つの言葉の音声情報と意味情報が統合されます。

実施方法

①初めに学習する言葉を子どもと確認します。その後，紙を折り，左側だけが見えるようにします。支援者が文を読んで，かっこ（　）に入る言葉を子どもに推測させます。適宜，ヒントを与えながら，正解まで導きます（図4−2のA）

②次に右側が見えるようにします。下にはバラバラの順番で言葉の意味が書かれています。上の言葉がどれに当てはまるか，子どもが書いていきます（図4−2のB）。

(A)

1・（　）にことばを入れましょう．

1	山の中に（の○○）な村がありました ヒント：しずかで，おちついている	（　　）
2	あそぶ（ひ○）がないよ ヒント：じかん	（　　）
3	川におりたら（そ○○○）がふいてきた ヒント：すこしだけふく風	（　　）
4	小学生に（ふ○○○○）ことばを言う ヒント：ぴったり　あっている	（　　）
5	犬がにんげんに（じゃ○○） ヒント：あそぶこと	（　　）

(B)

※紙を半分に折りましょう．

2・答え

1）のどか
2）ひま
3）そよ風
4）ふさわしい
5）じゃれる

3・答えを書きましょう．

a	すこしだけふく風	
b	しずかで，おちついている	
c	あそぶこと	
d	ぴったり　あっている	
e	じかん	

図4-2　語彙習得の支援例

支援方略

● **実施方法①の際に使用する方略**

記憶のサポート①：活用例とヒントを提示することで，言葉の意味を関連づけます．

記憶のサポート②：言葉の語頭を提示し，子どもの長期記憶を活性化させます．

記憶のサポート③：筆記での回答を求めることで，書記リハーサルを促します．

● **実施方法②の際に使用する方略**

情報の整理：「漢字とふりがな（読み方）」「言葉と意味」の情報を整理します．

記憶のサポート：筆記での回答を求めることで，書記リハーサルを促します．

(3)ノートによる知識習得

　子どもによっては，以上のような語彙学習よりも，もっとシンプルな方法が良い場合があります．子どもの語彙の困難がそれほど大きくない場合や，語彙の困難さが日常生活では用いない，「半径」や「緯度」といった専門的な用語に限られる場合などです．この時は，必要に応じてノートに言葉の知識を整理する方法で十分です．

1枚が5段に分けられて、日付を書くことのできる市販のノートを用います。見開きの左側に言葉やクイズを書きます。右側は半分におり、左の列に解説を、右の列に答えを書きます。見開きの左側だけを見て言葉や知識の復習をしたり、右側右列の答えだけを見てその言葉を説明したりします。

(4) 語彙学習から読みへ

読み速度が遅い子どもの中には、語彙が少ないために、速度がさらにゆっくりになっている子どもがいます。例えば「でいりぐち」「けいほう」という言葉を知らないため「たろうが でいりぐちに いこうと したとき、けいほうが なった」という文章の「でいりぐち」「けいほう」で、つっかえつっかえ読んでしまうのです。こうした子どもにも継続的な語彙学習は、読みを支援するうえで有効です。

本章で紹介した語彙学習と読みの効果を明らかにするために、けんたくんに対して、3つの学習条件を行いました。けんたくんにはけんたくんの知らない言葉が3つ含まれる短い文章を2回読んでもらいました。1回目の読みが終了した後、条件1では、知らない言葉の語彙学習をしたうえで、それぞれ同一の文章を読むよう求めました。条件2では、知らない言葉を何回か暗記してもらい、条件3では、単にもう一度、同一の文章を読むよう求めました。図4-3には、1回目の読み速度を基準にし、2回目の読みがどの程度早くなったかを条件ごとに示しています。条件3の成績から分かるように、同じ文章を読むだけではほとんど読みの速度は早くなりません。最も、読み速度が速くなったのは、条件1であり、驚くべきことに読みの速度は2倍にまで向上しました。条件2でも効果が見られましたが、条件1ほどではありませんでした。

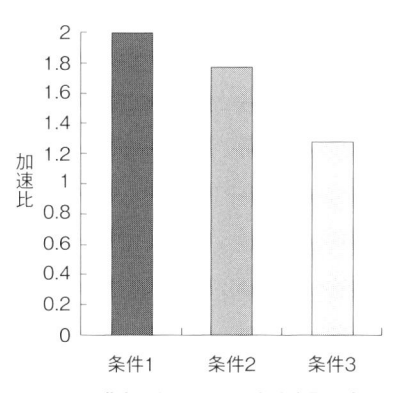

図4-3　漢字習得における意味学習の効果

3か月後，けんたくんに同じ文章を読んでもらいましたが，語彙学習を行った条件だけが，読み速度が持続して早いままでした。
　けんたくんのような子どもの場合，単に繰り返し読むことは，言葉の意味を理解することや，読みの熟達に貢献しません。まずは，語彙に焦点化した支援が必要です。しかし，子どもによっては語彙が十分あるにもかかわらず読みが遅い場合や，語彙学習をしても読み速度が上がらない場合もあります。その場合は，第1章の支援を考えてみましょう。

COLUMN 4

国語辞典の使い方
ワークシートの活用

　語彙を増やす道具として，国語辞典は有用です。小学校3年生の国語の時間に，国語辞典の使い方を学習します。言葉の意味，言葉の使い方，漢字での書き表し方などを調べるときに，国語辞典は利用されます。

　見出し語は，五十音順に並んでいます。①調べたい言葉が辞書のどこにあるのか大まかな位置を探すために，「つめ」と言われる部分を探します。つめとは，辞書のページ側面に印字された，行の冒頭文字（あかさたなはまやらわ）です。②「はしら」を参考にします。はしらには，そのページにある最初と最後の見出し語が載っています。③そして，ページ内で，調べたい言葉の1字目，2字目，3字目の順にマッチングさせていきます。

　ワーキングメモリの小さい子どもは，今，自分が，①から③のどのステップを調べているのか，また，調べたい言葉の何文字目をマッチングしているのか，作業を見失ったり，調べたい言葉自体を忘れたりします。

　以下のプリントは，国語の使い方の手順の説明にも，練習用にも利用できます。まず，調べたい言葉を1文字目から順にマス目に書き込みます。次に，調べる文字を，どの「つめ」の，どの文字をまず探せばよいのか○をつけ，ページを開くたびにどこまで近づいたか確かめることで，調べる手順を視覚化します。以下の資料を拡大してご利用ください。

（河村　暁）

国語辞典用ワークシート

第5章 読解

　文章を読んで理解するという読解の力は，新聞の記事から身の回りで起きている出来事を解釈したり，より専門的な知見や異なる立場の論述を読むことで，多面的なものの考え方を身につけたりするうえで役立ちます。つまり，読解は，現代人に必要な情報リテラシーの基盤となります。学校教育においても，読解は主要な学習目標です。読解そのものは，「総合的な学習の時間」など，生きた情報を得ていくプロセスや，1つの題材について，話し合いなど，体験的な活動においても育てることができます。ただし，国語の授業で中心となる読解は，教科書に書かれている文章を理解し，「文章題」によって理解度を問うものです。本章では，「文章題」を中心とした読解に焦点をあてます。

1．読解とワーキングメモリ

　ワーキングメモリと国語の成績に高い相関があること，また，小学校入学以前のワーキングメモリの成績が，後の国語の能力を予測できることは，第2章に示した通りです。

　文章を理解するというとき，キンチュ（Kintsch, 1998）は，2つの段階を想定しています。1つはテキストベースの表象の段階であり，文章を理解して，文字通りの情報を獲得する表面的な読みが行われるものです。もう1つは，状況モデルの表象の段階であり，文章に書かれている内容を読み手の既有知識と比較・統合したり，適切な形に変換したり，推論により文章の内容以上のことを読み取ったり，新しい解釈を発見したりするさらに深い読みが行われるものです。ワーキングメモリが大きいと，状況モデルの構成により多くの処理資源を配分することができます。加えて，自分の読みが正しいか，自分の理解をモニタリングできます。

　たけしくんは国語のテストで漢字が主な得点源になっている子どもです。「大造じいさんとがん」という話のテストで，「残雪とは何ですか」という設問に対して，

「鳥」「がんの頭領」ではなく「残った雪」と答えました。「残雪」に関する文章の前後を読めば，明らかに「単語の辞書的な意味」を求められているのではないことは推測できるのですが，状況ベースの表象を形成できなかったと言えます。

　文章題に解答する場合，文章そのものを理解することに加え，「設問」を理解することと，設問に応じて「解答」を行うことが求められます。

　設問の理解にもワーキングメモリがかかわってきます。例えば国語のテストでは「傍線部①と同じ意味の内容を具体的に表している文を16字で抜き出しなさい」という設問があります。子どもはこの設問を読んでから本文を読み直しますが，正答するためには少なくとも「同じ意味」「具体的」「16字」「抜き出し」という4つの条件を覚えておかなければいけません。ワーキングメモリに困難のある子どもは文字数の情報だけを覚えていて，それだけを頼りに解答しようとすることがあります。

　解答する際にも，ワーキングメモリは重要です。解答しようとする場合，子どもは設問を理解した段階でぼんやりとでも答えが思い浮かんでいる場合がありますが，ワーキングメモリに困難があると，本文に戻って様々な情報にさらされた結果，自分が最初に考えていた答えを忘れることがあります。また，ワーキングメモリに困難がある子どもは，試行錯誤して得られた複数の結果を比較することが苦手であり，また，単に見かけ上の文字数が当てはまらないために正答を見過ごしてしまうことが多々あります。

　つまり，ワーキングメモリの小さい子どもは，文章題の課題において，文章を理解する際，状況モデルを構成しづらく，また，解答する際に，設問の理解と解答の生成においても，それぞれのつまずきを見せるのです。

2．読解の困難

　ワーキングメモリの小ささから，文章の理解において，文章理解に困難さを抱える3つのケースと，解答に困難さを抱える1つのケースについてみていきたいと思います。

(1) 読みと理解の同時処理

　小学校4年生のまことくんは，言語的短期記憶は強いのですが，ワーキングメモリに困難があります。言語的短期記憶の強さから，漢字は覚えることができます。しかし，ワーキングメモリに困難があり，何かをしながら情報を覚えることが苦手なため，

音読しながら情報を覚えることには苦手さが見られました。読み進めながら情報を覚えることの困難さは、文章のテーマを見つけることも妨げました。実際まことくんは文章の内容を聞かれても、「なんか、桜の話」のように1つのキーワードしかあげることができませんでした。

(2) **未知単語の理解**

小学校5年生のゆかりさんは、ワーキングメモリや言語的短期記憶、特に非実在語の記憶に困難があります。そのため説明文で「表面張力」のような本人にとって未知単語である言葉が現れると、漢字にふりがながふってあり、「表面をできるだけ小さくする働き」のように定義が説明されていても、用語を覚えにくいために、その用語を用いて説明される文章を理解しにくいようでした。

(3) **場面のイメージ化**

小学校5年生のよしおくんは、視空間的短期記憶に困難があります。言葉は覚えているのですが、物語の場面をイメージとして認識しにくく、物語の場面で場所の移動があってもそれが分かっていないことがありました。また主人公と他の登場人物の行動をしばしば取り違えていました。このように、どのような場所で誰が何をしたかを正確に把握できなければ、読解は難しくなります。

(4) **解答生成**

先ほどのゆかりさんは、よく知っている内容の文であれば理解できます。しかし文章の要約に著しい困難があり、例えば文章中にある指定された3つの言葉をつなげて1つの要約文を書くことができませんでした。ワーキングメモリの困難により、複数の言葉を同時に頭の中に浮かべてつなげたり、いくつか作った候補の文を比較してより良いほうを選択したりできないためのようでした。そのため国語の問題で「筆者がこの文章で指摘したことを20字以内で書きなさい」という設問に対して答えることができませんでした。

3．支援の方法

文章理解の困難さに対する支援と解答の困難さに対する支援をあげていきます。

⑴文章の全体像の把握

　文章を全体的に把握するのを手伝うためのワークシートを用意します。ここでは，物語文と説明文に応じたワークシートを用意しました。いずれも，類似した構成ですが，何に着目するのかが多少異なります。両者ともまず，文章をおおよそのところで区切ります。本来でしたら意味的に区切るのが適切ですが，子どもの読みの理解が十分でない場合は，そこにはこだわらずに，視覚的に量が等しくなるように区切っていきます。

　物語文の場合には，区切られた段落ごとに，「いつ」「どこで」「だれがどうした（人物 A）」「だれがどうした（人物 B）」に応じて解答していきます。「どうした」については，文章全体からすると重要ではない言葉を選ぶこともありますが，多くの場合，無理に修正する必要はありません。「間違い」を指摘され続けると，子どもはやがて読解が嫌になるからです。一番下には，そこで思い浮かぶ状況を描くように指示し，イメージの生成を助けます。

　実施方法

①文章を音読します。交代読みでも構いません。700字程度の文章であれば，3つに区切ります。文章のおおまかな位置に書かれていることを明確にすることが目的なので，区切り方は面積で分けて構いません。

②登場人物を書き出します。1つめのまとまりから，時間に関する情報（時刻や季節など）や場所に関する情報が書かれている場所を探して，1つだけ書き出します。登場人物が何をしているか短く書き出します。いずれも行間を読む必要はなく書いてあることだけで構いません。書いていなければ斜線を引きます（図5-1のA）。

③情報を書き出したら，一番下の欄に，支援者と交代で各まとまりの状況を絵にしていきます。支援者が半分の要素を描きこみ，子どもが残りの要素を描くようにします。間違いがあるときは可能な限りエラーであると認識させないようにしながら修正する絵を描きこみます（図5-1のB）。

　支援方略

●実施方法①の際に使用する支援方略

　情報の最適化：文章をまとまりで3つに分けます（文章量の調整）。

●実施方法②の際に使用する支援方略

　情報の整理：「いつ」「どこで」「だれが」（登場人物）といった視点を提示した枠

【物語文】

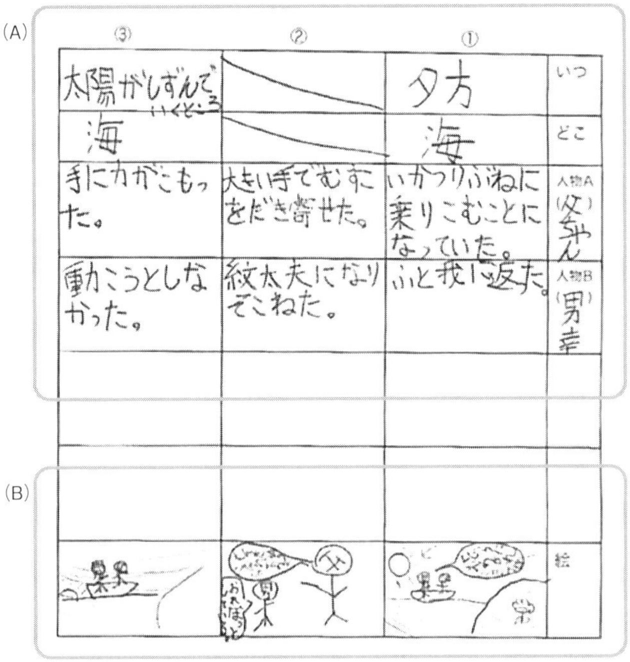

(A)

	③	②	①	
	太陽がしずんでいくところ		夕方	いつ
	海		海	どこ
	手にカがこもった。	大きい手でむすこをだき寄せた。	いかりぶねに乗りこむことになっていた。	人物A (父ちゃん)
	動こうとしなかった。	紋太夫になりそこねた。	ふと我に返った。	人物B (男幸)

(B)

				絵

図5-1　文章把握（物語）の支援例

組みを提示し，物語の展開を整理しやすくします。

● 実施方法③の際に使用する支援方略

記憶のサポート：「いつ」「どこで」「だれが」の情報についての外的サポートを参照しながら，「何があったか」といった状況を把握しやすくします。

情報の整理：言語情報を基にしながら，状況を子ども自らが絵で描くことにより，段落ごとの状況を，言語的・視覚的に把握しやすくします。

説明文の場合には，キーワードを見つけることが鍵となります。「全体のテーマ」「段落ごとのテーマ」を見つける際，「重要な言葉」という視点ではなく，「よく出ていた言葉」という頻度を基準にすることで，読解に困難のある子どもでも探しやすくなります。多くの場合，説明文の中でよく出てくる言葉は，その文章のテーマでもあります。次に，テーマと段落ごとのテーマを関連づけてまとめます。例にあげた文章の場合，「数字」が文章を理解するうえで，重要なポイントになっていましたので，

それについて解答を求めます。説明文で着目してほしいポイントを，適宜，ワークシートに組み込んでください。

実施方法

①文章を音読します。交代読みでも構いません。700字程度の文章であれば，3つ程度に区切ります。

②最初に文章全体で一番たくさん現れている単語，あるいは大事だと思う単語を「全体単語」として最上部の欄に書きます。次に1つめのまとまりの中で，全体単語以外で一番たくさん現れている単語を1列目の2行目に書きます。そしてその2つの言葉を使って，1つめのまとまりに書かれていることを簡単に書きます（図5-2のA）。

③文章の中で数字，比べているものを探して，言葉を書き出します。その下にその言葉の説明を簡単に書きます。比べているものは，最初の1つを支援者があげると，子どもも探しやすくなります（図5-2のB）。

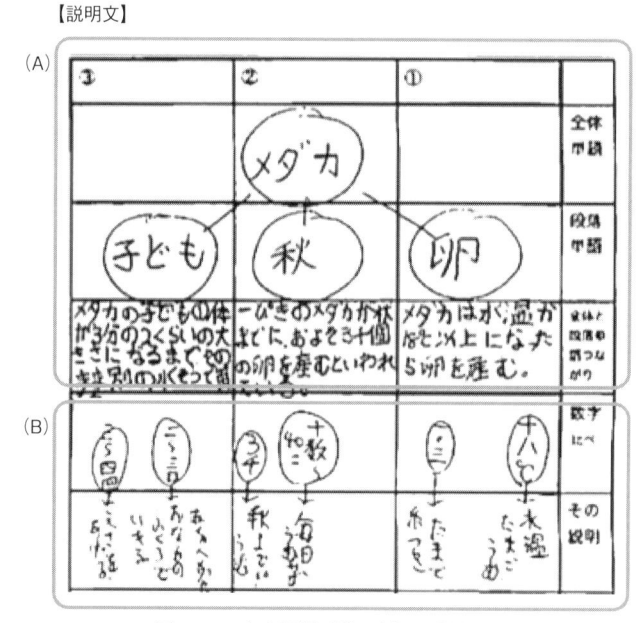

図5-2 文章把握（説明文）の支援例

第 5 章 読　解

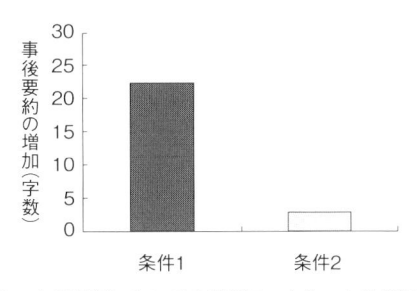

図 5-3　文章理解において支援用ワークシートを用いた効果

支援方略

● 実施方法①の際に使用する支援方略
　情報の最適化：課題量のまとまりを 3 つに分けます。
● 実施方法②の際に使用する支援方略
　情報の整理：「全体単語」「段落単語」といった視点を提示し，説明中の重要な
　キーワードを整理しやすくします。
● 実施方法③の際に使用する支援方略
　記憶のサポート：文章中に参考になるキーワードや数字を書き出すことで，外的
　サポートを参照しながら，情報相互の関連を把握しやすくします。
　情報の整理：言語情報を中心とした情報をさらに図式化することで，情報相互の
　関連を言語的・視覚的に把握しやすくします。

ワークシートを使った文章の理解は，単に，読みを繰り返しただけよりも効果的であることが示されています。

図 5-3 は，文章を読んだ後の，文章の内容を要約する課題を行ったものです。2 名の児童を対象に行いましたが，2 名とも，ワークシートに取り組んだ支援を受けた場合（条件 1）のほうが，単に，文章を読んだだけの場合（条件 2）よりも，飛躍的に字数が増加していることが分かります。

(2) 文章の意味理解
　ワーキングメモリの小さい子どもが教科書の文章を音読しているとき，ただ音読しているだけで内容を記憶しておらず，理解につながっていないと思われることがあり

ます。このような場合は，文章について質問し，子どもがそれに答えることで内容についての記憶を強めることができます。例えば元の文が「楽器たちはほこりをかぶってねむっていました」ならば，「楽器たちは何をかぶってねむっていましたか」のように質問します。図5-4は教科書に掲載されている物語について，全ページにわたってこのような質問を作ったものの一部です。この形式をここでは「一対一ステップ」と呼びます。

　一対一ステップで重要なのは，文に書いてあることをただ読むだけではなく，内容について子どもが情報を生成することです。書くことが苦手な子どもは，口頭で答えるだけでも構いません。読解の負担が大きい質問，例えば「このとき楽器たちはどう思いましたか」のように文に直接的に書かれていない心情について問う質問や，また複数の文を読まなければ答えられないような質問，一度に複数のことを問うような質問はしません。

　こうじくんは，教科書の文章題に取り組むのに先立って，重要な箇所について，一対一ステップのプリントを行いました。一対一ステップのプリントを出すと，「やった！　このやり方が，分かりやすい」と喜びました。

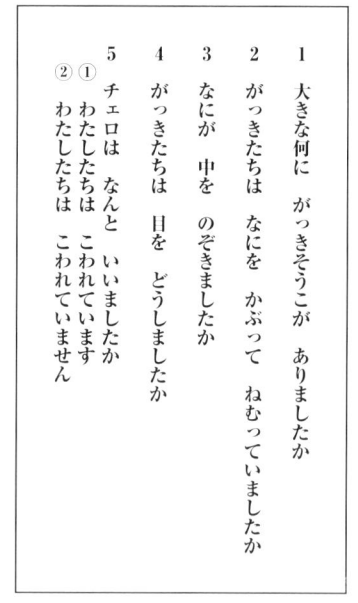

```
1  大きな何に　がっきそうこが　ありましたか
2  がっきたちは　なにを　かぶって　ねむっていましたか
3  なにが　中を　のぞきましたか
4  がっきたちは　目を　どうしましたか
5  チェロは　なんと　いいましたか
① わたしたちは　こわれています
② わたしたちは　こわれていません
```

図5-4　文章意味理解の支援例

(3) 設問理解

　設問に答える場合，設問の内容を理解し，複数の比較的長い文章を理解しながら読んで1つの答えをまとめなければなりません。書いてある内容を覚えておかなければならないだけでなく，いくつかの答え方を考えて比較し，よりよいものを選択する必要があるため，ワーキングメモリの負担が大きくなります。子どもに文章を理解させようと支援者が口頭で発問を行っていくと，情報量がワーキングメモリの容量をこえて，子どもが混乱します。

　そこで，スモールステップで，ターゲットとなる設問（図5-5では⑥の設問）にかかわる複数の情報を，下位の設問に解答していくことで得ていきます。下位の設問は選択肢であり，難易度は低く設定されています。情報はプリント上に残りますので，記憶にかかる負荷を軽減します。下位の設問に解答していくことで得た情報を参照しながら，ターゲットとなる設問に取り組みます。

実施方法

　事前テストで子どもが間違えた問題についてスモールステップを作ります。ここでは⑥が間違えた問題です。①から⑤の設問はそこに至るまでのスモールステップ

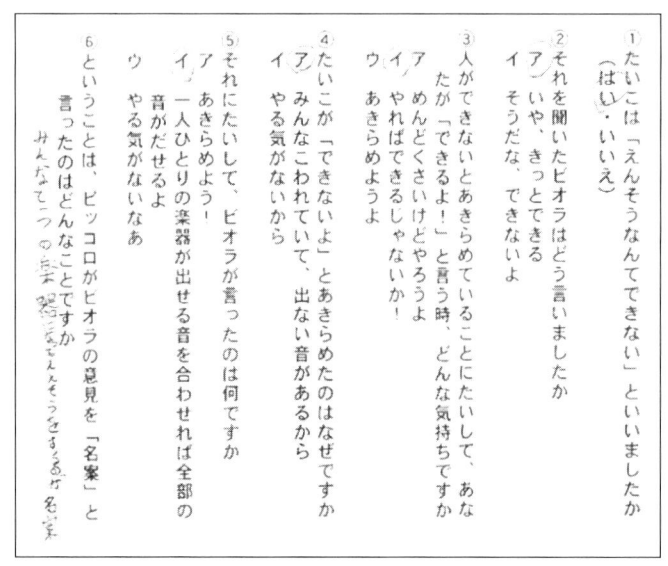

①たいこは「えんそうなんてできない」といいましたか
〈はい・いいえ〉

②それを聞いたビオラはどう言いましたか
　ア　いや，きっとできる
　イ　そうだな，できないよ

③人ができないとあきらめていることにたいして，あなたが「できるよ！」と言う時，どんな気持ちですか
　ア　やめんどくさいけどやろうよ
　イ　やればできるじゃないか！
　ウ　あきらめよう

④たいこが「できないよ」とあきらめたのはなぜですか
　ア　みんなこわれていて，出ない音があるから
　イ　やる気がないから

⑤それにたいして，ビオラが言ったのは何ですか
　ア　あきらめよう！
　イ　一人ひとりの楽器が出せる音を合わせれば全部の音がだせるよ
　ウ　やる気がないなあ

⑥ということは，ピッコロがビオラの意見を「名案」と言ったのはどんなことですかみんなで○○○えんそうできる○名案

図5-5　文章理解における設問理解のための支援例

で，⑥に必要な情報を本文から読み取ったり，支援者が補ったりします。子どもは，1つひとつ取り組んでいきます。

> 支援方略

　注意のコントロール：解答に至るために参考にすべき内容に着目させます。
　情報の最適化：解答に関連する設問をスモールステップで解きながら，解答に関する周辺の内容について理解を深めていきます。

　年齢が上がり，難しい設問に取り組めるようになると，下位の設問に対して，選択式で解答していくワークシートでは，不十分なことがあります。例えば「傍線部①とありますが，なぜそのようになるのか文章中の言葉を使って説明しなさい」といった設問では，文章中にある複数の言葉や概念を選び出し，それらを取捨選択して利用し，いくつかの概念や文を含んだ答えを成立させなければなりません。そこで，キーワードとなる言葉を子どもが自ら文章中から選び出し，また，設問と関連する言葉を選択しながら，1つの文章として成り立たせるプロセスを支援します（図5-6）。

　スモールステップで，ターゲットとなる設問にかかわる複数の情報を，下位の設問に解答していくことで得ていきます。しかし，ここでは，文章中にある複数の言葉や概念を選び出すことと，得た情報を，設問の内容に応じて取捨選択することが課題となりますので，下位の設問では，子ども自らが言葉や概念を文章中から選び出していきます。また，ターゲットとなる設問を正しく理解し，それと関連する情報はどれなのか，子どもが主体的に選び出します。そして，下位の設問に解答することで得た情報のいくつかを参照しながら，ターゲットとなる設問に取り組みます。

> 実施方法

　上の段に，クローズドな質問や子どもが「いいえ」と答えたくなるような極端な質問が書かれています。子どもはこれに答えていきます。最後に必要なものだけにチェックをつけ，それらの情報を合わせて解答します（図5-6）。

> 支援方略

　注意のコントロール：クローズドな質問によって答え方の可能性を狭め，答えを考える際のワーキングメモリの負担を減らします。
　記憶のサポート：答えた内容をすべて文字化することで，適切な情報を選択する際にかかるワーキングメモリの負担を減らします。

第5章 読解

⑤	④	③	②	①
私たちの世界は、次第にディズニーランドに近づいていますか	ディズニーランドは、本当の自然が豊かで、ハエやカもいる不潔な世界ですか	私たちの世界は自然が豊かになってきていますか	私たちの実際の現在の世界は汚くなってきていますか
今の世界が清潔ばかりを求めて自然が無く、人工のものだけが存在する世界に近づいているから	人工のもの増えている	人類がきらうもの無し	自然がなくなっている	清潔
□	✓	□	✓	✓

図5-6　文章理解おける設問を用いた支援例

(4) 解答プロセスの分析

　ワーキングメモリの小さい子どもは，以前に成功した1つの解法方法にこだわったり，設問中のキーワードを読み飛ばしたり，思い込みで設問に解答していく傾向があります。そのため，問題のタイプの分析を行うことで，設問そのものの読みの理解を深めることができます（図5-7参照）。解答に至るプロセスにおいて，自分の解答プロセスを第三者的に眺めるといったメタ認知を促し，解答の精度をさらに向上させます。ワークシートは「設問の分析」と「解答のプロセス」から構成されています。

　解答のプロセスは，3つのステップから構成されます。まず，ステップ1では，設問に対する答えを頭に浮かべ，そこで浮かんだキーワードを書き留め，解答への見通しをつけます。ステップ2では，問題が尋ねている内容と対応する箇所を文章中から検証します。ステップ3では，設問の条件に合わせて，解答を整えます。

　衝動的に答えを求めようとする子どもは案外，頭の中から情報が消えてしまうことを理解しています。そのため，急いで設問に答えようとするあまり，設問の意味を早

合点したり，解答の際には，重要な情報を読み落としたり，せっかく大よそのことは分かっているのに，設問の条件に合わせて解答を整えなかったりします。ワークシートは，解答に至るまでの設問分析と解答生成のプロセスを支えると同時に，解答に必要となる情報を留めておくことができる点でも有効です。このワークシートを繰り返し用いることで，文章題について，設問と解答の2つの側面に，子どもが意識的に目を向けることができます。「メタ認知」がうまく働き始めるようになると，情報を覚えることにワーキングメモリの資源を割り振ることができるようになります。そうなるとワークシートはもはや不要となります。

> 実施方法

①設問が何を要求しているか，子ども自身が分かる言葉に言い換えます。「傍線部①と同じ意味の内容を具体的に表している文を16字で抜き出しなさい」は「①と同じことを探す」などとします。条件をチェックしたり，書き出したりします（図5-7のA）。

②設問から本文へ戻る前に，いったん子どもに答えを考えさせます。間違った答えが出ても，何も答えが出なくても構いません（図5-7のB）。

③問題が聞いている本文の場所（例えば傍線部①など）の少し前の部分から，後の部分まで読み返します。答えが見つからない場合は，読む範囲を探したり，他の手がかりによって探します（図5-7のC）。

④条件に合わせて答えを整えます。例えば16字抜き出しなのに，ステップ2では18字だった場合，ここで2字減らし16字に合わせます。その後，なぜ正解することができたかをチェックするなどします（図5-7のD）。

> 支援方略

● **実施方法①の際に使用する支援方略**

　情報の整理：設問のタイプを選択しながら，設問の分析を行います。

● **実施方法②の際に使用する支援方略**

　記憶のサポート：設問を読み，頭に浮かんだ答えが正しいか否かを本文に戻って確認するうちに，その答えがワーキングメモリから消え去るのを予防します。

● **実施方法③の際に使用する支援方略**

　注意のコントロール：答えを探す範囲を限定することで，注意を焦点化します。

● **実施方法④の際に使用する支援方略**

　注意のコントロール：解決に至った方法を，長期記憶に知識として蓄積し，次の

第5章 読解

	(A) 問題のぶんせき	(B) ステップ1 答えを考える	(C) ステップ2 文を読んで答えを考える	(D) ステップ3 答えをきちんとする
	問題がなにを求めてきているか，わかりやすく言いかえる	文は見ずに，答えを考える	問題が聞いている，ちょっと前からちょっと後まで読んで，答えを考える	問題の用紙に書かれているやり方（例：○文字以内 など）に合わせて答えをととのえる
(1)	①と同じことを探す ★条件 16字（ちょうど・以内・以上） ☑ぬきだし □せつめい □最初（最後）の○文字 □選択 その他（　　　　）	ろうや	彼が知らぬ間に穴にとじこめられたこと □もう少しはんいを広げる 　　　　　　　（前・後） □遠い部分も読む 　□問題文の中の言葉を見る 　□同じ（似てる）文を探す □その他	知らぬ間に穴にとじこめられたこと ★解答したらチェック □知らない言葉（　　　） □問題に答えるヒント（　　） □その他気づき（　　　）
( )	★条件 　字（ちょうど・以内・以上） □ぬきだし □せつめい □最初（最後）の○文字 □選択 その他（　　　　）		□もう少しはんいを広げる 　　　　　　　（前・後） □遠い部分も読む 　□問題文の中の言葉を見る 　□同じ（似てる）文を探す □その他	★解答したらチェック □知らない言葉（　　　） □問題に答えるヒント（　　） □その他気づき（　　　）

図 5-7　文章理解における解法のプランに関する支援例

　読解に自らがそれらの方略を利用できるよう意識づけていきます。

　読解の支援においては，まずは，子どもの苦手意識を軽減するために，子どもが受け身的に設問に答えるだけで，自動的に解答に至ることができるような工夫をしますが，次第に，子どもが主体的に考えていけるよう調整します。そして，最終的には，文章題の解答に至る思考方法を参照しながら，子ども自ら解答に到達できるよう導きます。

COLUMN ❺

読みを通した子どもの理解
子どもに見えている世界を学ぶ

　読めない……。

　そのような困難性を有する子どもの中には，以下のような場合もあります。

　今西祐行作の『一つの花』という作品が，小学校4年生の国語の教科書（光村図書）に掲載されています。出征し戻れなかった父親が，一人娘ゆみこへの思いを描いた作品です。

　物語の出だしに「まだ戦争のはげしかったころのことです」という1文があります。特別支援学級を担任している月本直美氏は，授業中，この場面を読んでいる子どもたちが，ニコニコと楽しそうな表情をしていることに違和感を覚えました。そこで，子どもたちにこの場面の説明を求めることにしました。すると，子どもたちは，電子音を鳴らし，あたかも上空から地上へと最新のミサイルが飛び交うように，手を激しく突き動かしながら，戦闘の様子を表現したといいます。子どもたちはこの場面の「戦争」を現代の戦争として，ミサイルや超高速の戦闘機が飛び交う状況をイメージし，テレビゲームに類似した風景を思い浮かべ，心を密かに躍らせていたのでした。

　作品中に，未だ小さいゆみこが，ご飯やおやつをもっともっとと言って，いくらでも欲しがる場面があります。そのときゆみこの母親は「じゃあね，1つだけよ」と自分の分をゆみこに差し出します。すると，ある男の子が，怒り出しました。「ゆみこはわがままであり，ゆみこの母親は，きちんとしつけができない。欲しくても，我慢しなければいけないことがある」と，強く主張し始めたのでした。彼自身が，日常的にそのように指導されており，従うべき自分のルールと重ねて，その状況を理解している様子でした。ゆみこは未だ小さい子どもだから仕方がないという意見に対しても，ゆみこの年齢は分からない（実際，本文中に年齢の記載はない）として，受け入れなかったそうです。

　別の時代や違う考えが存在することを受け入れ，その視点から状況をイメージすることが難しい子どもがいます。直接的な記載がないことを，前後の文脈や他の言葉から類推するのが難しい子どもたちがいます。教師は子どもに見えている世界，子どもがイメージしている世界を理解したうえで，子どもたちに伝わる丁寧な説明を心がけていきたいものです。

（青山新吾）

第6章　書き

 書くことは学校生活や社会生活で必要とされる基本的な力で，国語だけでなくすべての教科で必要になります。また現在はキーボードで文字を書くこともできますが，学校教育においては，自分の手で書く作業を通して，学習していくことが一般的です。そのため，書くことが苦手な子どもは，板書やワークシートへの記入，宿題にテストなど，多様な場面で，学習につまずくことにつながります。

1．書きとワーキングメモリ

 書きの困難性を顕在化させるワーキングメモリの要因は，いくつか想定できます。アルファベット等，表音文字を用いる言語の場合，書きの能力と言語領域のワーキングメモリの大きさに関連が指摘されています。ただし，日本語の場合，ひらがなや漢字に至るまで，形状や細部の位置情報を把握しながら，書き順などの順序情報を記憶することが求められるため，視空間的短期記憶や視空間性ワーキングメモリでの記憶と操作が必要となります。加えて，漢字の学習においては，視覚情報に関する長期記憶もかかわってくることが示されています。漢字学習には言語領域のワーキングメモリに加え，視空間領域のワーキングメモリ，そして，長期記憶など，多様な記憶がかかわってきます。

 また，書字の困難さについては，運動協調の障がいや視覚認知による障がいについても考慮しなければなりません。DSM-Ⅳによれば，発達性協調運動障がいの1つの診断基準例として，書字の下手さがあげられています。また，左右・上下についての視覚認知の弱さが，視覚的短期記憶そのものに影響を及ぼしている可能性もあります。したがって，書きに関する支援は，通常のワーキングメモリを考慮することに加え，運動協調や視覚認知の弱さについても意識する必要があります。

2．書きの困難さ

(1) 順序情報

ただしくんは LD があると診断された小学校3年生です。文字を読むことはできますが，書くことに難しさがあります。ひらがなの「よ」を図6-1のような筆順で書いたり，書く速さが非常にゆっくりになってしまいます。自分の学年の漢字はすべて読めるのに，書くほうは，小学校1年生の漢字がいくつか書ける程度でした。漢字が書けるようになっても，形はなんとなく合っているものの，細部を誤ることがよくありました。ただしくんは物の位置を順番に覚えることが苦手でした。パソコン画面に表示されたいくつかの丸が1つずつランダムな順番で点滅し，後でその点滅した順番通りに丸をクリックするゲームでは，丸の数が増えるとすぐ覚えることができなくなりました。

漢字の学習ではたくさんの線の位置を覚える必要があります。すでに小学校2年生の配当漢字である「顔」で18画もの線の位置を覚えなければなりません。また漢字はしばしば「筆順通りに」書くことを求められます。このためただしくんは漢字の学習の際にいくら繰り返し書き学習をしても，いざ見本を見ずに書こうとすると，最後の画まで思い出すことができませんでした。

(2) 協調運動

視空間的短期記憶に困難のあるはじめくんは順番通りに線を引けず，交わる道を図6-2のように線を引くことがありました。すると，「す」や「く」を図6-2のよう

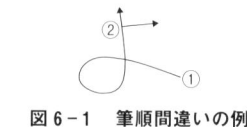

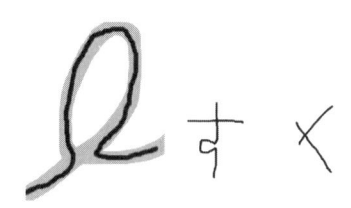

図6-1　筆順間違いの例

図6-2　交わりが書けない例

に書くことがあり，結果的に読めない字となっていました。

　正確に書けないことにより，かえって，画数を増やしたり，鉛筆の動きをより複雑なものにしたりと，学習を妨げる大きな要因になっていました。

(3) 視覚認知

　すみれさんは読みの学習に困難はありませんが，算数や漢字を書くことが苦手な小学校5年生です。筆順は正しく書けるのですが，低学年の頃は鏡文字が多く見られたり，学年が上がってからは漢字の部首を左右入れ替えて書く間違いが見られました。そのため図6-3のように，画数やそれぞれの部首の筆順は正確なものであっても，部首が左右逆になることがよくありました。

(4) 言語的短期記憶

　おさむくんは，知的発達は境界線にあり，ワーキングメモリのいずれの記憶にも困難がありましたが，言語的短期記憶に顕著な困難があります。このため長い単語になると，いくつかの音が曖昧に捉えられているようでした。「こいのぼり」と書かれた単語を見て「こいのぼり」と読むことはできますし，それが何なのかは理解しています。しかしおさむくんが口頭で「こいのぼり」と言うとき，よく聞くと「koiomori」と発音しているようでした。おさむくんはその発音に従い忠実に書こうとして「こいおもり」と表記していたのです。つまり，言葉を正しく聞き取り，それを記憶するといった言語的短期記憶の弱さが書きに影響していることを示しています。また口で発音しながら字を書く様子を観察すると，「こい」の「い」を書くときの発音は「い」だけでなく「お」まで進んでしまいました。次の字を書くとき口は「も」を発音しているので「お」は書かずに「も」を書くことになり，このため「こいもり」と書くこともありました。また繰り返し書く練習を観察すると「こ」を書いたら頭を動かして手本を見てから「い」を書くといった具合に，単語を書く練習ではなく文字を写す作業になっていました。つまり，一度に複数の文字を一度に覚えノートに書き写すことができないといった特徴が見られました。

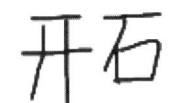

开石

図6-3　部首の入れ替えの例

3．支援の方法

(1)ひらがなの書き①　なぞり，視写，想起

　文字の学習では，なぞり，視写，想起の3つの段階があります。3つの段階に対応したプリントを用意して，子どもたちがどの程度，スムーズに書くことができるか確認をしましょう。

　これらの基本的な書字に関するスキルの支援に関しては，市販のプリント教材が多く出版されていますし，最近ではタブレットコンピュータで直接画面に書き込むことでひらがなを筆順通りに学習できる教材が市販されています。そうした教材を選ぶ際，学習の最後のステップにおいて，見本を見ずに思い出す作業があるものを選んでください（図6-4参照）。自分で書いた文字を意識的に覚える作業は，視空間的短期記憶そのものの利用を促し，新たに学んだ情報を長期的な記憶へと定着させることにつながります。

(2)ひらがなの書き②　協調運動と視覚認知のトレーニング

　運動協調や視覚認知に問題が見られる場合には，文字学習に入る前に，次のようなプリントに取り組むことで，効果が上がる場合があります。位置情報を正確にとらえていったり，特定の方向に指を運んだり，全体的な形をとらえながら，同時に細部を記憶したり，曲線等を書く場合の筆圧のコントロールを行うことは，「書き」のための基本的なスキルです。文字学習の苦手意識を生み出す前に，子どもが，「絵」を描く感覚で，「書き」の基本的スキルを身に付けていけるよう，支援のあり方を工夫してみましょう。こうした支援についても，市販のプリント教材が参考になります（図6-5～図6-8）。

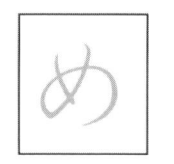

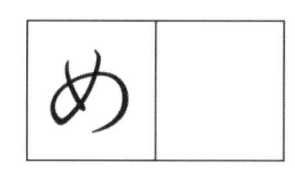

見本を見ずに思い出す

図6-4　ひらがな書き基礎スキル支援例1

第6章 書 き

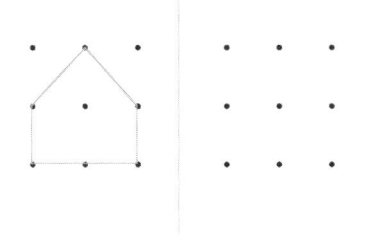

図6-5 ひらがな書き基礎スキル支援例2
左の見本を見ながら9つの点の位置を参考にして、絵を右側に写していきます。上下・左右といった視覚認知の練習をします。

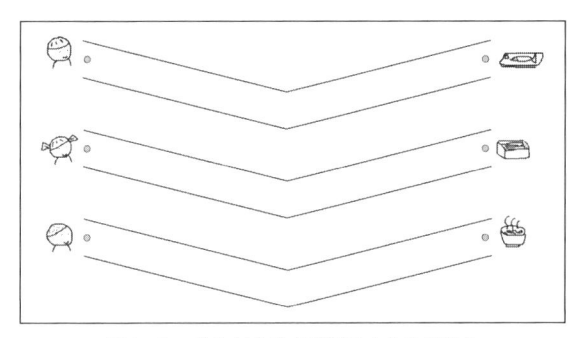

図6-6 ひらがな書き基礎スキル支援例3
左の子どもたちと食べ物をつなぎます。斜めに関する視覚認知の練習をします。

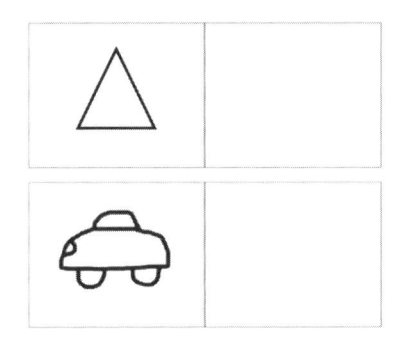

図6-7 ひらがな書き基礎スキル支援例4
左の見本を見ながら、絵を右側に写していきます。全体像を把握しながら、細部の情報に焦点を向ける練習をします。

えんぴつで　せんを　ひきます
みちの　よこに　ぶつからないよう
ごーるまで　はしりましょう

図6-8　ひらがな書き基礎スキル支援例5
左の動物と右の食べものを線でつなぎます。線が
交わるところで、線の方向に焦点を向ける練習を
します。

(3)ひらがなの書き③　言語情報の整理

　言語的短期記憶の小ささから，ひらがなを複数書いて1つの言葉を完成させる際，いくつかの文字が脱落したり，入れ替わったりしてしまうことがあります。そのような場合には，1つの言葉を，複数のまとまりに分け学習した後，それらをまとめて学習することで，長い言葉も覚えることができます。

> 実施方法

①綴ることができなかった単語を2～3つのかたまりにわけ，1かたまりずつ視写します（図6-9のA）。最後に単語を書きます。
②左ページの見本は隠し，右ページだけが見えるようにしてテストをします（図6-9のB）。

> 支援方略

●**実施方法①の際に使用する方略**
　注意のコントロール：学習すべき対象を焦点化します。
　情報の最適化①：対象の言葉を，1文字ずつではなく，いくつかのかたまりに分けて学習します。

(A) (B)

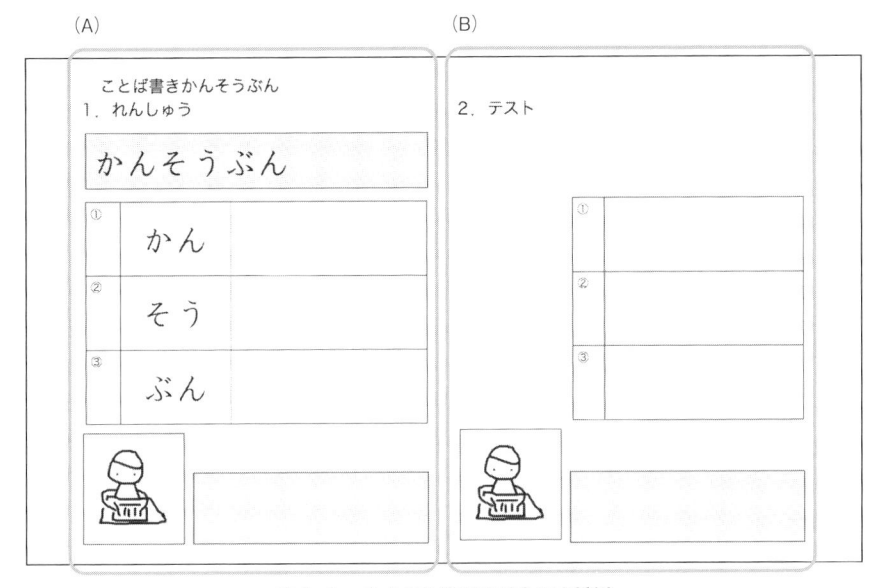

図6-9　ひらがな単語の書きの支援例

　　情報の最適化②：細分化された情報を右下の枠に再統合します。
● **実施方法②の際に使用する方略**
　　記憶のサポート：細分化された情報を外的サポートとします。
　　情報の最適化：細分化された情報を右下の枠に再統合します。

(4) **ひらがなの書き④　音の認識の促進**

　「きゃ」のような拗音を書くことが苦手な場合は，図6-10のような「き」と「や」の発音を次第につなげていき，それを思い出して書くような学習（図6-10）をします。

　実施方法
　①2つの清音を一音ずつ読むよう促します（図6-10のA）。
　②2つの清音を読む間隔を次第に縮めるよう促します（図6-10のB）。
　③拗音を意識して，二文字を読むよう促します（図6-10のC）。
　④拗音を意識して，二文字を読みながら枠内に書くよう促します（図6-10のD）。

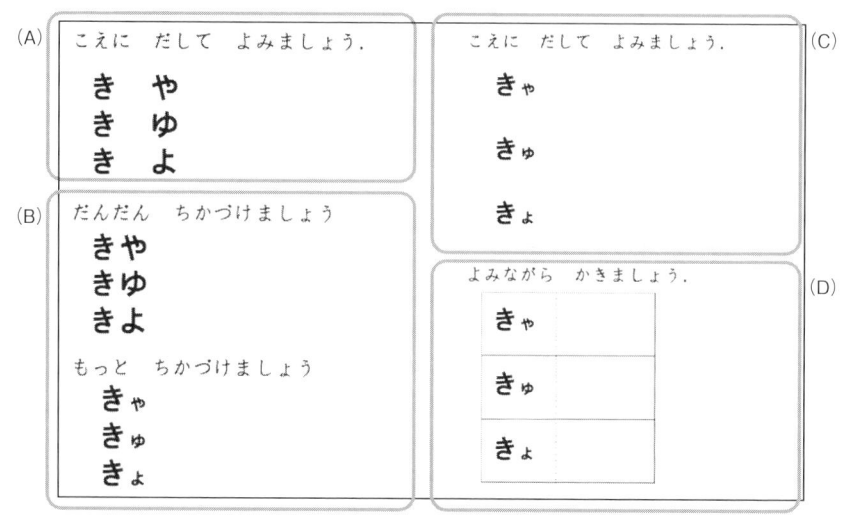

図6-10　ひらがな書き：拗音・撥音の支援例

支援方略

● 実施方法①の際に使用する方略

　注意のコントロール：学習内容を焦点化します（例の場合は拗音）。
　情報の最適化：情報の細分化を行い，2つの音に焦点化します。

● 実施方法②③の際に使用する方略

　情報の最適化：統合を同時に行い，文字と音声の対応づけを促します。

● 実施方法④の際に使用する方略

　記憶のサポート：多感覚リハーサルを促します。

⑸ **漢字の書き①　言語情報の利用**

　小学校1年生で学習する「山」のような象形文字は実際のイメージと漢字の形が対応していて覚えやすいのですが，やがて「工」のようにすぐには対応が読み取りにくい漢字が多くなります。小学校の6年間では約1000字を学習し，もっとも配当漢字が多い小学校中学年では，1年間に200字を学習します。画数は小学校中学年の配当漢字で平均画数は9～10画に達します。漢字はひらがなやアルファベットに比べて画数が多く，「手で覚える」やり方が必要となります。そのため，日々の宿題にも，漢字の書き取りやドリル学習が宿題として出されます。

しかし，書きの困難がある子どもでは，繰り返しの書き学習が効果的でない場合があります。とおるくんは何度繰り返しノートに書くよう促しても，うまく書けませんでした。そのようなとおるくんですが，言語的短期記憶に強さがありました。そこで漢字を3つのパーツに分解した後，一緒に，覚え方を考える支援を行いました。言語的短期記憶が強い子どもは，音のイメージを利用して覚えようとします。例えば，「受」という漢字は「ノツ　ワ　又（マタ）」と分解して覚えるのです（図6-11参照）。ただし，分解して覚えるだけでは，漢字の定着につながりません。書くという作業にかかる負担はできるだけ軽減していきながら，確認作業を繰り返します。

実施方法

書けなかった漢字を支援者と一緒に3つ以下に分解します。
子どもがやりやすいやり方を優先しますが，上から下，左から右のような基本的な順番は守るようにします。そして，書きと記憶を促すような書きのプリントを利用して，漢字の書きの定着を図ります。

支援方略

注意のコントロール：学習すべき対象を3つに絞ります。
情報の最適化：漢字のパーツを3つに分解します。
記憶のサポート：「重いものを力でうごかす」「ウと寸」など，すでに得ている言

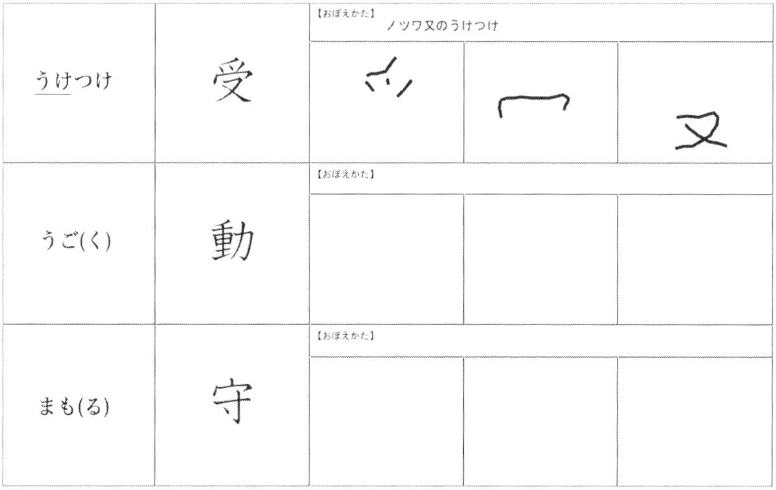

		【おぼえかた】ノツワ又のうけつけ		
うけつけ	受	ツ	一	又
うご(く)	動	【おぼえかた】		
まも(る)	守	【おぼえかた】		

図6-11　漢字の書き：言語情報を利用した支援例

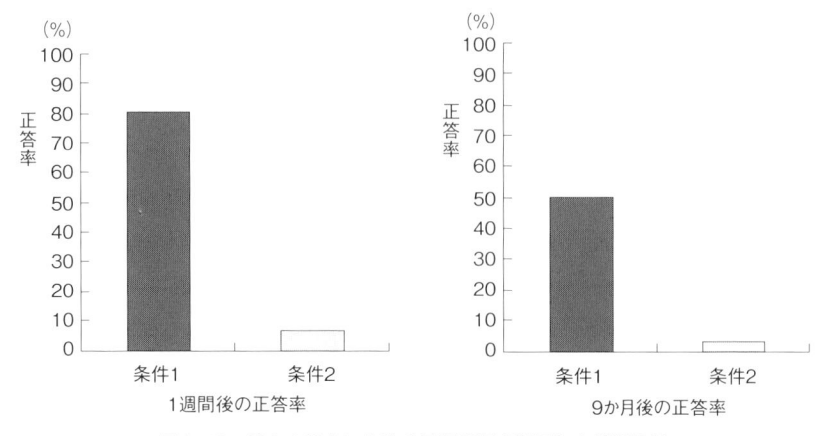

図6-12 漢字の書きにおける言語情報を利用した学習効果

語情報を利用しながら，3つのパーツをエピソードでつなげていきます。

　図6-12は，とおるくんの漢字学習の効果を示しています。条件1は，漢字をパーツに分解し，言語的情報を利用しながら覚えていく方法です。条件2は，漢字を単に繰り返して書く方法です。その結果，1週間後に，学習した漢字の正答率を比較したところ，条件2では10％程度しか覚えることができていませんでしたが，条件1では80％，そして9か月後もその効果は持続していました。

(6)漢字の書き②　視覚情報の利用
　ひろしくんは，読みに重い困難と言語的短期記憶に困難があるため，言語情報を利用しながら，漢字を覚えるのには，向いていません。「受」を「のつわまた」のように言葉に分解しても覚えるよう促してみたときも，「おれ，そういうのは苦手」と言って，そっぽを向いてしまいました。
　そうした子どもには，視覚情報を利用して覚える方法を提案してみましょう。ひろしくんは，(5)「漢字の書き①」の例と同様に，漢字を3つのパーツに分解し，支援者と一緒に，覚え方を絵で表しながら，漢字のストーリを作るよう促しました（表6-1）。視覚情報を利用することで，ひろしくんの漢字の定着は格段と飛躍しました。
　ただし，漢字の学習で示した2つの支援は，1対1のマンツーマンの個人指導でのみ可能ですし，また，時間に換算しても，1つの漢字を学習するまでコストがかかり

表6-1　漢字の書きのパーツ学習における個人差

	とおるくんの覚え方	ひろしくんの覚え方	
受	ノツ　ワ　又のうけつけ	（図）	うけつけに3にんの人がいて，つくえの下にはながいすがあった
使	にんべんの　ナ　ロメーがししゃ	（図）	人が刀をつかってはこ（口）をきったら，刀もおれた
整	束　のぶんを正しく　せいり	（図）	たばをいっちょう（1丁）正しく　せいりする

すぎます。実際，基本的な漢字を習得してしまえば，それらの組み合わせで漢字を覚えていくほうが効果的です。そこで，こうした支援は，漢字の覚え方のコツを理解する段階や基本的な漢字を学習する段階に留めます。こうした支援の後，子ども自らが，漢字学習のコツと知識を活用して，漢字を学習していけるよう促していきます。

COLUMN 6

書きに困難のある子どもへの支援
漢字の宿題に見る子どもの学びの多様性を認める教師の姿

　漢字の書きに困難がある子どもは，「漢字が覚えられない子ども」です。子どもが「漢字を覚えられない」要因は様々なものがあります。しかし，この子どもにも宿題は「平等」に出されます。漢字を反復して書くよう求められる宿題では，みんなと同じように効率的に覚えられない子どもがクラスの中に確かに存在します。

　ワーキングメモリの考え方によると，画数の多い漢字を覚えるときには，「とめ」「はらい」「横画の数」などの情報を保持しないといけませんが，ワーキングメモリが小さい子どもはそれらを一度に覚えることができず，何度書いても情報は入っていきません。

　このような場合，1つの複雑な漢字をすでに習得している簡単な漢字のパーツに細分化することで，ワーキングメモリの容量不足を長期記憶で補うことができます。例えば，「努」は，左の図のように，「女」と「又」と「力」に分解すればいいのです（漢字の意味に着目した支援に関しては『意味からおぼえる漢字イラストカード』シリーズ（右の図）を参照）。またこれは，1つの例ですが，子どもにあった方法で漢字の宿題が出されれば，夕暮れ時にこわい顔をして漢字ノートとにらめっこしたままの子どもはずいぶんと減るでしょう。しかし，みんなと違った宿題は出せないと思っておられる先生方もたくさんおられます。

　あるベテランの先生は，日頃から「自分の覚えやすい方法」を子どもに意識づけることを心がけておられます。宿題を出す際にも「自分の覚えやすい方法で覚えてきなさい」という出し方をされています。この出し方だと，人と違う方法で宿題をしていても，オッケーです。

　子どもの学びの多様性を踏まえ，宿題の出し方を工夫していくことで，子どもの学びも保障していくことができます。

（山田　充）

「努」　⇨　「女」＋「又」＋「力」

漢字の分解例

『意味からおぼえる漢字イラストカード1年生』（特別支援教育のカード教材（山田，2008）

第7章　計　算

　子どもは，乳児の段階から，数の大小を視覚的に認識することができるそうです。幼児期になると，おやつを分けたり，遊び道具を共有するときなどにも，全体の数を数えたり，物を等しく分けたりすることができます。また，密度などの概念にしても，電車ごっこをするときのロープで作った輪っかの中に何人の子どもが入っているかによって，「すかすか」「ぎゅうぎゅう」などの感覚を体験的に学んでいます。子どもたちは，こうした数的感覚をもって学校教育に歩みを進めますが，そこで扱う数は数字に置き換えられ，計算など操作をしていくことが求められるようになります。数についての学び方を切りかえていく必要があります。

1．計算とワーキングメモリ

　成人を対象とした研究において，繰り上がりや繰り下がり，途中の計算結果の保持が必要となるような計算は，言語的短期記憶と言語性ワーキングメモリが用いられることが示されています。しかし，児童を対象とした研究では，ワーキングメモリにかかる負荷が異なります。1・2年生は主として視空間的短期記憶に依拠した計算を行います。3・4年生になると次第に言語的短期記憶の役割が大きくなり，高学年になるにしたがって，言語性ワーキングメモリに依拠した計算を行うようになります。計算を習い始めた子どもは，最初のうちはいたる場面で指を使います。子どもは，視空間的な具体物を操作したり，頭の中に思い浮かべたりしながら計算を行うのです。その際，指は子どもにとって，数に関する重要な視覚的手がかりだと言えます。学年が進むにつれて，数量の概念は次第に言語化され，言語領域のワーキングメモリが活用されるようになります。

　九九を覚える方略について考えてみましょう。日本では，「にいちがに（$2 \times 1 = 2$）」「ににんがし（$2 \times 2 = 4$）」などの「唱え」で覚えることが一般的です。九九

を初めて覚える子どもにとって、それらは始めのうちはまったく意味のない言葉の羅列ですが、言語的短期記憶内でリハーサルが繰り返されていくことで次第に定着していきます。一方、英国やアメリカの教室場面などで頻繁に用いられる九九表は、視空間的短期記憶を用います。九九表を見ながら、数字と数字がクロスする場所の数字を覚えていきます。情報が忘れ去られないよう、何度もその視空間的な情報を頭に思い浮かべ（イメージ化）、情報をリフレッシュしていきます。言語的短期記憶の弱さゆえに、「唱え」による九九がなかなか覚えられない子どもがいます。そうした子どもの中に、九九表を使うととたんに九九を覚えられる子どもがいます。ワーキングメモリの強い面を活用することで、弱い面をカバーすることができます。

2．計算の困難

計算の学習では、言語的な情報、視空間的な情報を同時に扱うことが多く、ワーキングメモリの困難が様々に影響を与えます。

(1)入門期の計算

入門期の計算では、具体物を使い、一対一対応をさせながら、数字を正しくカウントすることが第一歩です。次に、数の大きさのイメージをつかんだり、数を組み合わせたり、大きな数を分解したりしながら、数の特性を理解することが求められます。
　あきらくんは、言語的短期記憶と視空間的短期記憶に大きな困難があります。おはじきを使って数えるためには「いち、にい、さん・・」という言語的な情報を正しい順番で言えるとともに、どれを数えたかを覚えておくという視空間的な情報の記憶も必要です。自分の指の数を数えるときも、同じ指を二度数えたり、指と指の間で次の数を言ってしまったり、「5、6、8・・」と数え飛ばしてしまったりするので、正しく数を数えることができませんでした。しばらくして、3＋2など小さな数の計算は指を使って答えを出すことができるようになりましたが、6＋3のように数が大きくなると計算ミスが増えました。自分で立てた指を数え飛ばしたり「・・3、4、6・・」のように言葉で数を飛ばしたりするのです。また7＋6のように答えが10以上の計算になると指が使えないので答えが出せませでした。

(2)九九

算数の学習の中には言語的短期記憶を特に必要とするものもあります。九九の暗唱

はその1つです。

　第3章に登場したたろうくんは，言語的短期記憶の困難があり，非実在語「りなぜよてさ」を「りな？てさ？」のようにしか復唱することができません。たろうくんは小学校4年生の時点で九九を一段も覚えていませんでした。そのため，わり算，面積の学習など，かけ算のかかわる学習を進めることができませんでした。九九を暗唱しようとしても「ししちにじゅうはち」を「ししちに・・・」としか覚えることができませんでした。またたろうくんは4を「よん」，7を「なな」としか認識していないため，4×7を「ししち」と覚えることは非実在語を覚えることと同じような苦手さを感じているようでした。さらに2×3であれば「にさんがろく」と6文字分を覚えればよいので比較的覚えやすいのですが，7×3は「しちさんにじゅういち」と10文字分も覚える必要があるため，覚えにくいようでした。かけ算の意味は理解しているので，「ごしちさんじゅうご」を暗唱できなくても，彼が覚えている5×5＝25を基に，5の2つ分の10を足して25＋10＝35と答えていました。

(3)複雑な計算

　複雑な計算は，いくつかの簡単な計算パターンを，長期記憶からワーキングメモリ内に検索して取り出し，複数の数字を記憶したり，繰り上げなどの操作を同時に行う必要があり，ワーキングメモリの負担が大きくなります。

　ちはるさんはワーキングメモリに困難がありました。ちはるさんは「15＋8＝23」など，「繰り上がり」「繰り下がり」が必要となる筆算を用いる計算が困難でした。この計算の場合，15を十の位と一の位に分解します。次に，一桁の位の数字を足し合わせます「5＋8＝13」。答えの一の位に「3」を同定し，15で分解した10と繰り上がり分の10を足し（「10＋10＝20」），十の位に「2」を同定します。桁ごとの数字を足し合わせ（20＋3＝23）），「23」という答えに到達します。「15＋8」といった計算1つをとっても，15の分解，長期記憶から3つの計算パターンの取り出し，元の数字や更新された数字の記憶が必要となります。こうした複数のステップからなる計算プロセスは，おのずとワーキングメモリの負担を大きくします。

3．支援の方法

　算数・数学では次々と新しい知識が登場するので，内容に応じた適切な支援が必要です。また言語性ワーキングメモリに困難のある子どもと視空間性ワーキングメモリ

に困難のある子どもに対しては図形問題の教え方が異なるように，子どもの特性に応じた適切な支援が必要です。しかし，様々な内容や様々な特性のある子どもに適用できる基本的な枠組みもあります。以下ではそれらを紹介していきます。

(1) 入門期の計算①　数の分解

　ひできくんは，視空間的短期記憶に困難さがあり，8 + 6 = 14のような10より大きくなる足し算の学習で困っていました。ひできくんは視空間的短期記憶の困難から10という数の大きさをイメージすることが難しく，10を8と2などに分解する学習が定着しにくかったため，扱う数が比較的小さい5－2進法から学習を開始しました。支援は，5以上の数字を5－2進法によって分解するステップと，5－2進法によって計算するステップの2つから構成されます。数の分解と数の操作といった2つの学習段階ごとに支援方法をまとめます。

　1枚目のプリントは，2つの場面から構成されています。まず，1つの数字について，視覚情報を手がかりとしながら，5と残りの数に分解し，次に，それらを数字に置き換えます。2枚目のプリントは，7が「5」と2に分解できることを，数的イメージと数字を統合しながら理解することができます。

　実施方法

①視覚的手がかりを用い，数を5－2進法で分解します。まず，左端に書かれている数だけ，上の列から順に○をぬります。次に，上の列で塗られた○の個数「5」を数え，下の列で塗られた○の個数を数えます。最後に，□の中に，分解した個数を記入します（図7－1のA）。

②数字を用い，数を5－2進法で分解します。まず，プリントの左半分を提示し，数を5と残りの数に分解します。次に，プリントを1枚に広げ，前回の情報を思

(A)

7　○○○○○
　　○○○○
7こ○をぬりましょう。
うえにはなんこあるかかぞえてかきましょう。
したにはなんこあるかかぞえてかきましょう。

(B)

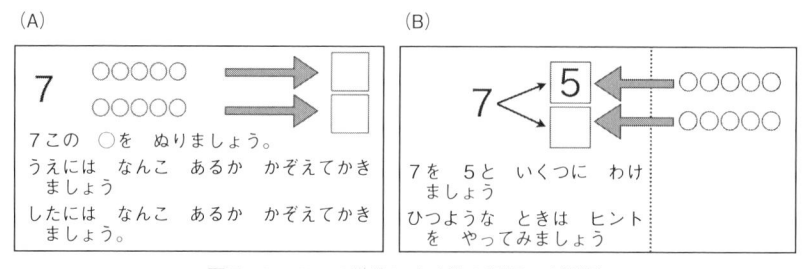

7　5　○○○○○
　　　　○○○○
7を5といくつにわけましょう
ひつようなときはヒントをやってみましょう

図7－1　5－2進法による数の理解の支援例

第7章 計算

い出します（図7−1のB）。

> 支援方略

● 実施方法①の際に使用する方略

　注意のコントロール：学習すべき数字を設定します。

　情報の最適化：求められる課題を3つとします。

　情報の整理：数の分解を，○といった視覚情報を用いることで，視覚的に符号化するとともに，声に出して数えることで言語的にも符号化します。

　記憶のサポート：プリント上の情報は常に参照可能であり，短期記憶にかかる負荷を軽減します。

● 実施方法②の際に使用する方略

　情報の整理：数の分解のイメージを，矢印と枠で提示します。

　記憶のサポート：右半分の情報を基に，数の分解の視覚的イメージを長期記憶から想起します。

⑵入門期の計算② 　数の操作

　1枚目のプリントは，2つの場面から構成されています。5より大きい数字を，数字を用いて5と残りの数に分解し，5同士を足すことで10になることが示されています。2枚目のプリントは，手がかりなしに5−2進法を用いた足し算を行えるよう作られています。

> 実施方法

①紙を折って，5つのステップを提示しながら，数の分解と同時に，5−2進法を用いた計算方法の手順を伝えます。5−2進法を用い，数の分解を行います（図7−2のA）。その後，5のまとまり同士を足し，その後，残りの数の足し算を行い，1桁の数を足します。得られたそれぞれの数を合成します（図7−2のB）。
②学習した方法を，計算ドリルに適用します。

> 支援方略

● 実施方法①の際に使用する方略

　注意のコントロール：点線で折ったプリントを次の点線まで1つずつ展開して課題を提示する折説明にすることで，一度に見える情報量を制限し，子どもが課題に集中できるようにします。

　情報の整理：数の分解・「5」の合成・1桁の数の合成に関する計算プランを視

79

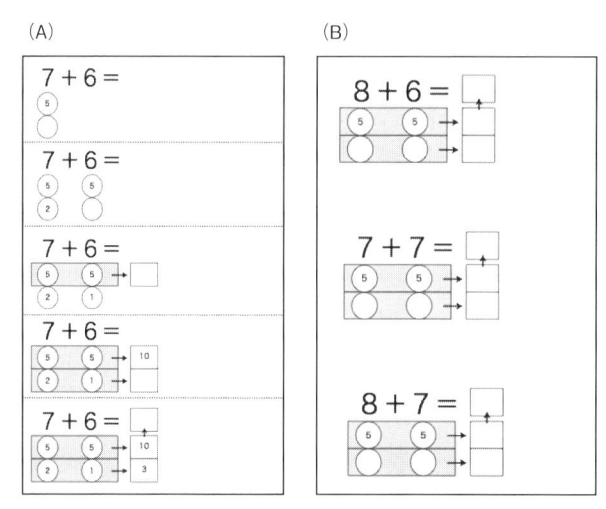

図7-2　5－2進法による計算の理解の支援例

　　覚的に提示します。

　　記憶のサポート：計算のプロセスは，プリント上の情報で常に参照可能であり，短期記憶にかかる負荷を軽減します。

● **実施方法②の際に使用する方略**

　　記憶のサポート①：視覚的手がかりを基に，計算プランを長期記憶から検索します。

　　記憶のサポート②：支えを次第になくしていき，ワーキングメモリの資源を有効に利用しながら，計算を自らのプランに従って行えるようにします。

　5－2進法による課題は，2つの場面にスモールステップ化します。2場面では，分解のヒントを減らしていきながら，支えをなくして学習が進められるように支援をします。ここでは，「5」と「5」を足すと「10」といったより大きい構成数になることの理解を導きます。

　5－2進法は，10までの数の性質を正しく理解することに役立ちます。しかし，筆算を使った繰り上がり，繰り下がり等，複雑な計算になれば，10の補数法がより適切です。また，例えば7＋4で5－2進法は使えませんし，9＋9は10の補数法のほうがかえって簡単です。ひできくんのように，まずは5を大きな数字のまとまりとすることで数字をとらえやすい子どもに対しては，5－2進法から計算の学習を始め，次

に，教科書で扱われている10の補数法に学習を進めていく道筋を通っていくことで，計算の基本的スキルの基礎を固めることができます。

(3)九九① 暗記

　たろうくんのように，言語的短期記憶の困難がある子どもにとって，九九を覚えることは，簡単ではありません。4「よん」や7「なな」といった呼び方で親しんでいる数字も，九九になると，4×7を「ししち」と覚えなければなりません。意外にこうした呼び方の違いが，子どもの混乱を招いてしまいます。子どもは九九を無意味な言葉に近い音の羅列として覚えていきますので，言語的短期記憶にかかる負担が大きくなります。また，九九を覚えているように見える子どもの中にも，6×7を思い出すために6×1から唱えなければいけない子どもがいます。思い出すのに時間がかかってしまい，今取り組んでいる課題のうち，自分がどこをしているのかといったことを見失い，課題に失敗するといったことがしばしばおこります。九九の学習に関しては，九九の暗記と九九の定着の2つの課題に分けて支援事例を紹介していきます。

　九九を覚える方法は多様であり，言語領域が強い子どもの場合は，九九をリズムに合わせて口ずさみながら覚える方法が適している場合もありますし，視覚領域が強い子どもは，九九表や百珠そろばんを使って覚える方法が適している場合もあります。近年は，プリント類に加え，九九を覚えるための支援用ソフトウェアも充実しています。子どもに合った九九の習得方法を見つけましょう。

　たろうくんの場合は，言語的短期記憶の困難があり，九九ならではの数字の読み方に混乱が見られましたので，4を「よん」，7を「なな」，9を「きゅう」に統一して，九九を覚えるよう促しました。もし，言語面での数字の混乱がない場合には，通常通り，4を「し」，7を「しち」，9を「く」と発音して問題ありません。

実施方法
①支援者が九九を音声で提示します（例：よんよん　じゅうろく）。子どもは，それに該当する式「4×4＝16」を，指さします（図7-3のA）。
②支援者が九九を音声提示します（例：よんよん　じゅうろく）。子どもは，それに該当する答えを，指さします（図7-3のB）。

支援方略
●実施方法の①の際に使用する方略
　情報の整理：九九を音声情報ならびに視覚情報とマッチングさせます。

(A)　　　　　　　　　　　　　　(B)

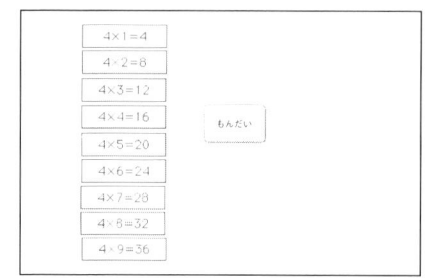

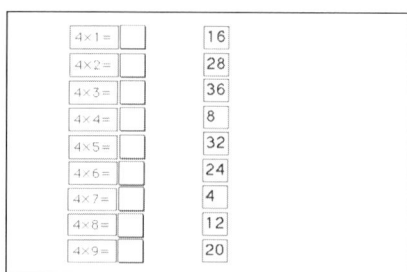

図7-3　九九の暗記の支援例

　記憶のサポート：「4」「7」「9」の言い方を一貫させることで，言語的短期記憶にかかる負担を軽減します。
● 実施方法の②の際に使用する方略
　情報の整理①：式と答えを識別すべきものとして，プリント上に配置します。
　情報の整理②：九九を音声情報ならびに視覚情報とマッチングさせます。
　記憶のサポート①：段の情報・答えの一覧を提示し，そこから答えを選択することにより，短期記憶にかかる負担を軽減します。
　記憶のサポート②：視覚的に示した数字から，答えを選んでいくことで，言語的な記憶に加え，視覚的な数の記憶を促します。

⑷ 九九②　定着
　言語情報として九九を覚えたたろうくんには，より九九の定着を図れるよう，同じ段内の式間の識別性を高める支援を行います。

実施方法
① 支援者が九九の式を音声提示します（例：よん　に）。子どもは該当する答えを，テンキーを指さして答えます。正解の場合は，もう一度，支援者が九九の音声（よんに　はち）を音声提示します（図7-4のA）。
② 支援者が九九の式を音声提示します（例：よん　に）。子どもは該当する答えを，右の数字を指さし答えます。正解の場合は，もう一度，支援者が九九の音声（よんに　はち）を音声提示します（図7-4のB）。

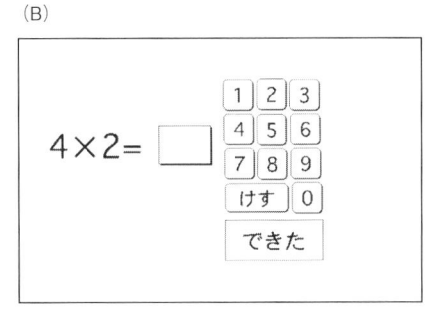

図7-4　九九の定着の支援例

支援方略

- 実施方法の①の際に使用する方略

    情報の整理①：九九の答えを数字（視覚情報）とマッチングさせます。

    情報の整理②：同じ段内の式をすべて提示しつつ，1つの式に着目させることで，ターゲットとなる式とそれ以外の同じ段内の式との識別性を高めます。

    記憶のサポート：テンキーを指で示し答えを求めることで，九九を言語的な記憶に加え，視覚的な数の記憶へと定着させます。

- 実施方法の②の際に使用する方略

    記憶のサポート①：九九の1つの式を長期記憶から取り出すことを繰り返すことで，九九の定着を図ります。

    記憶のサポート②：テンキーを指で示し答えを求めることで，九九を言語的な記憶に加え，視覚的な数の記憶へと定着させます。

　九九に関して，誤学習が定着してしまうと，正確な学習はさらに時間がかかります。九九の確かな暗記と定着は，その後の複雑な計算を支えます。

(5) 筆算①　足し算

　作図や筆算など，いくつかのステップから構成される学習において，折説明が役立ちます。折説明とは，プリントを折り曲げて次の折り線まで展開することを繰り返しながら少しずつ情報を提示するものです。情報量をコントロールできるので，子どもにとっては目の前の課題が取り組みやすいものになります。

　「折説明」とは次のような配慮を含む形式と言えます。第一に一度にたくさんの情

報を解決することは子どものワーキングメモリの負担になるので，問題をスモールステップに分けて，一度に1つの問題解決をします。第二に当面の問題解決に関係のない情報に触れる必要がありません。課題を行う場合，適宜，子どもが「これは今すぐは必要のない情報だ」と判断・記憶しなければならず，ワーキングメモリの負担になります。折説明ではそうした判断・記憶が軽減されます。第三に，子どもの学びの足跡が概観しやすい点です。既に解決したプロセスが目の前から消えてしまうと，解法を記憶し続けるといった負担が生じます。そこで，解決済みの情報に子どもがいつでも戻って確認できるよう，情報として残します。第四にスモールステップに分けたそれぞれのステップが最終的には1つのイメージとして統合されるようになっています。各ステップは1枚のプリントでおさまるようにします。ただし，説明を言いよどむなど教示に時間がかかると，子どものワーキングメモリの負担になります。提示された情報を子どもがワーキングメモリの容量の範囲で次々に統合できるよう，情報の提示は速やかに行います。

　筆算を行う場合には，数字の桁をそろえつつ，適切に配置しなければならず，そこに視覚的なイメージを要します。問題から筆算式まで数字を移動させる際には，視空間的短期記憶と視線の移動を含みます。その後，計算の順序を法則にしたがって覚えなければいけません。このように数字・位置・順序を覚えながら，計算するといった筆算を学ぶ際，視空間的短期記憶・ワーキングメモリの小さい子どもは様々なポイントで混乱を生じます。そこで，折説明を行いながら，できるだけ視空間領域のワーキングメモリの負担を軽減し，筆算の方法を学ぶことに集中していけるような支援を行います。

実施方法

　紙を折って，3つのステップを提示しながら，式を筆算に置き換える方法を伝えます（図7-5）。
①まず，【あわせていくら？】の最初の数をマス目の上段に記入します。
②次の数をマス目の下段に記入します。
③桁ごと加算します。
④一連の計算プランを【れんしゅう】で実践します。

支援方略

　注意のコントロール：折説明にすることで，一度に見える情報量を制限し，子どもが課題に集中できるようにします。

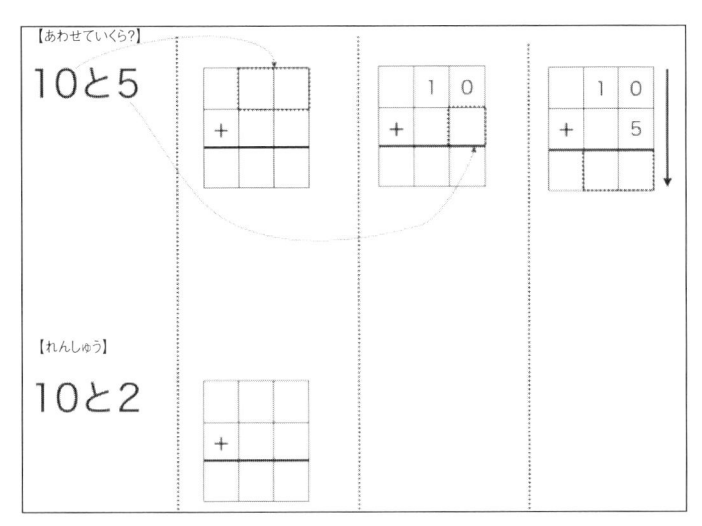

図7-5　足し算の筆算の支援例

　　情報の整理：マス目や矢印を利用することで，視覚情報を整理し，視覚的短期記憶にかかる負荷を軽減します。
　　情報の最適化：学習のステップを細分化することで，各ステップで求められる情報量を調整します。

　こうした折説明を用いた筆算の学習は，引き算でも同様に用いることができます。折説明は，初めて学習に取り組む際に用います。学習が進むと，折説明はもちろん，枠も必要なくなります。

(6)筆算②　かけ算
　かけ算の筆算は，より複雑になります。また，情報量が多いため，①自分が何と何の数字を操作すべきか，それをどの順番で計算をすすめたらよいか，②繰り上がった数字を他の数字と混同しないためにはどのようにすればよいか，③桁をそろえて計算するためにはどのようにすればよいか，など，様々な配慮が必要です。そこで，例題では，計算のプランニングについては，矢印を使って視覚化します。また，繰り上がりの数字の場所を固定することで，他の数字との混同を避けます。ある程度，自信がついてきたら，【れんしゅう】課題を行います。解法に至るプランを自らが立て，計

算を行っていけるよう支援します。途中で分からなくなっても，例題を見ることにより，計算のステップを参照することができます。

実施方法
①紙を折って，5つのステップを提示しながら，筆算の計算プランを伝えます（図7-6）。
②一連の計算プランを【もんだい】に整理します。
③一連の計算プランを【れんしゅう】で実践します。

支援方略
注意のコントロール：折説明にすることで，一度に見える情報量を制限し，子どもが課題に集中できるようにします。
情報の整理：マス目や矢印を利用したり，着目すべき数字を丸で囲んだりすることで，視覚情報を整理し，視空間的短期記憶にかかる負荷を軽減します。

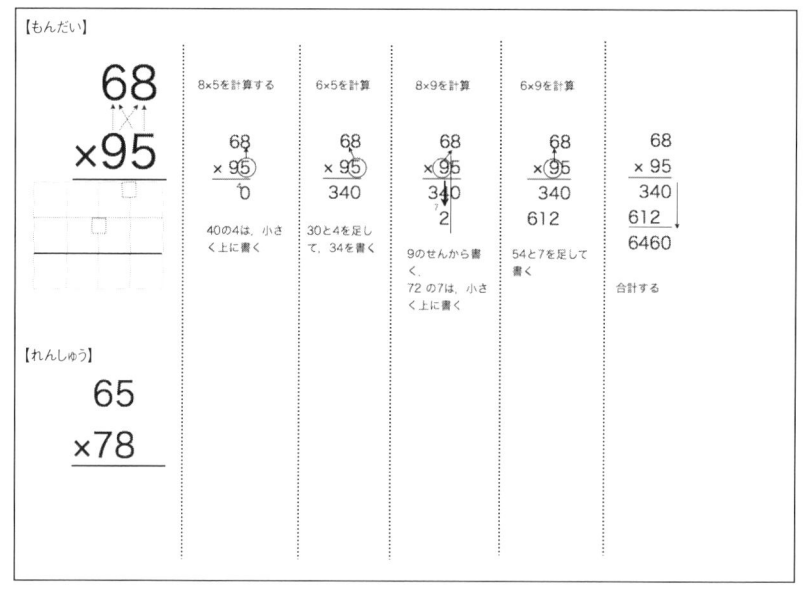

図7-6　かけ算の筆算の支援例

86

(7)即時折説明

　子どもによって困難さが現れる問題場面は様々です。また子どもによっては次の日になると「この問題を解きたい」という気持ちを忘れてしまうこともあります。このような場合は，そのときその場でノートや紙に折り線をつけ，ステップごとに説明を行うといった即時折説明を行うことができます。図7-7のAは無理数の計算の例です。因数分解や有理化など1つひとつの計算はできるのに，計算しなければならないことが増えると混乱する子どもがいます。1つひとつの計算に分けてステップで学習するようにします。図7-7のBのようにこのような即時折説明のための用紙をあらかじめ用意しておくと折説明の作成速度が増し，子どものワーキングメモリの負担を減らしながら，計算プランを整理することができます。計算に嫌悪感を抱いていた子どもも，高学年になるとこの有効性に気づくことができるようで，折説明による説明を求めに来ることがあります。白い紙1枚にちょっとした工夫を加えることで，学習のプロセスがつかめるようになることもあるのです。

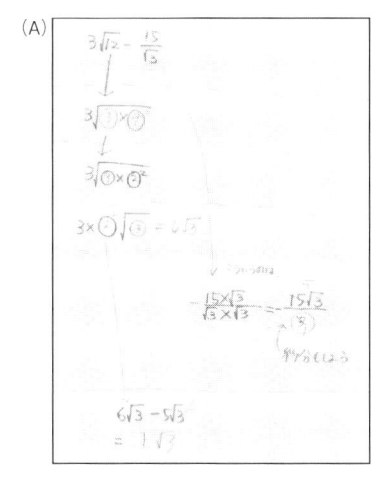

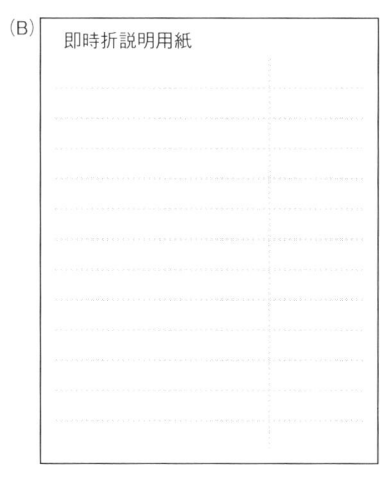

図7-7　即時折説明を用いた支援例

COLUMN 7

計算に困難のある子どもへの支援
誤り分析から見る子どものつまずき

　計算問題が苦手な子どもたちを見ると，その困難の要因は様々なものがあります。子どもの状態をきちんとアセスメントして，要因を考えていくことが，教師をはじめ，子どもたちを支援する立場のものにとって必要です。アセスメントには，面接，質問紙，発達検査など様々な方法があります。その１つの方法に，「誤り分析」があります。子どもが実際にしたテストを見て，間違ったところを分析し，その誤りの要因を考えていくという方法です。
　図のような計算のテストがあります。この誤りの理由を考えていきます。
　このような誤りの場合，⑤から引き算なのに，子どもはそれまでの足し算のままに計算しています。これは，足し算という演算の情報が更新されず，そのままの計算方法を引き続き行ったため起こっています。計算問題をたくさんする場合は，１つひとつの問題で，「何算？」という情報を取得しインプットして計算に活用しなければなりません。そこがうまくいかないのです。
　計算のつまずきの要因が明らかになってくれば，単に「よく見なさい」「注意しないと」というような指示は必要ですが，それが苦手でうまく記憶したりすることができないわけですから，注目してインプットしやすいような支援が必要になります。例えば図のような方法を使います。１問ごとに演算記号に○をするステップを入れることで，注目するという行為が加わり，記憶を保持することを助けることができるわけです。

（山田　充）

| ① 3 ＋ 4 ＝7 |
| ② 7 ＋ 5 ＝12 |
| ③ 6 ＋ 8 ＝14 |
| ④ 8 ＋ 5 ＝13 |
| ⑤ 9 － 3 ＝12 |
| ⑥ 6 － 5 ＝11 |
| ⑦ 8 － 7 ＝15 |
| ⑧ 4 － 3 ＝7 |

⇒

| ① 3 ⊕ 4 ＝7 |
| ② 7 ⊕ 5 ＝12 |
| ③ 6 ⊕ 8 ＝14 |
| ④ 8 ⊕ 5 ＝13 |
| ⑤ 9 ⊖ 3 ＝12 |
| ⑥ 6 ⊖ 5 ＝11 |
| ⑦ 8 ⊖ 7 ＝15 |
| ⑧ 4 ⊖ 3 ＝7 |

第8章 算数の文章題

1．算数の文章題とワーキングメモリ

　算数の文章題では，文章中の数量関係を把握しつつ，出題の意図を理解したうえで，問題解決の方針を考えたり，方針を実行したりすることが求められます。文章題を正しく解決できるかどうかの個人差がワーキングメモリによって説明されることは，多くの研究によって示されています。

　しかしながら，算数は，単にワーキングメモリの働きだけではなく，領域ごとの（時間・図形・密度・割合　等）数量概念が基盤となります。算数の習熟が遅れている子どもの算数の課題成績が，ワーキングメモリと同様に，数の処理の遅さ，長期記憶から数の知識を検索すること，数を分割することといった算数の基礎スキルの未熟さと関連することが明らかです。また課題によって，用いられるワーキングメモリの領域が異なります。

2．文章題の困難

　算数では，学習が進むと，計算といった数的操作のスキルに加え，異なる領域の数量概念の獲得や数的操作のスキルの活用をしたりすることが求められるようになります。解法に至るプロセスもより複雑化し，問題解決に向けた見通しを立て，解法に関するプランニングを行うことが必要となります。しかし，ワーキングメモリが小さいと，プランニングに十分な容量を割くことが難しくなったり，解法の途中で，自分が今何をしているのか見失ってしまったりすることが多くなります。

(1)**文章題**

　ゆうじくんは小学4年生です。計算はできますが文章題に苦手さがあります。足し

算や引き算，かけ算やわり算の問題がまざった文章題では，どの計算を適用して良いのか分からず，「1本50円のペンが3本あります」という文章題で1＋50＋3のような式を立てることもあります。

(2) **なじみのない問題**

けいこさんは小学2年生で，初めて見る問題の解決が苦手です。5＋3＝？は計算できますが，5＋？＝8や，5にいくつ足したら8かなど，なじみのない問題を理解することが難しく，支援者が教材を用いて口頭による説明をしても理解に至りません。

算数・数学では正解に至る経路は1つではなく，色々なやり方で解決できますが，問題によっては効率的なやり方や非効率的なやり方があります。ワーキングメモリに困難のある子どもでは，複数の方法を同時に思い浮かべて比較し，効率的なやり方を選ぶ余裕がないため，1つのやり方ですべての問題に取り組んだり，目にしたことのない新しいタイプの問題ではうまく解決方法を見つけられないことがあります。29＋18のような計算は，30＋18から1を引くほうが簡単ですが，けいこさんはこのような「工夫した計算」のやり方を自分からプランニングすることはできませんでした。1つの方法にこだわってしまうため，別のやり方を頭の中に同時に思い浮かべることが難しいようでした。

なお，算数でも，様々な用語を覚える必要があります。「直角」「直径」「頂点」など似た言葉も多く，「へいこうしへんけい」など9文字にもなる言葉もあります。また，「辺」や「直線」など，同じ対象に対して，異なった名前が用いられる場合もあります。これらの言葉を覚えるためには第4章の語彙の学習と同じく言語的短期記憶や言語性ワーキングメモリの弱さを考慮した支援が必要となります。

(3) **図形**

まさしくんは小学2年生です。図形の問題が苦手で直方体の辺の数を数える問題で同じ場所を何度も数えてしまいました。3年生の時は，いくつかの角度を小さいものから大きいものへ順番に並べることができませんでした。角度の大きさを比較する問題は，頭の中で角度の異なる図形を回転させる必要があります。ワーキングメモリに困難がある子どもでは，図形を頭の中で操作し，動かす課題が苦手なことがあります。

図形問題では視空間的な情報を操作する必要があります。例えば円柱の表面積を求める問題では，円の面積と側面の長方形の面積を求める必要があります。まさしくんは視空間的短期記憶に困難もあって，立体の中から長方形を取り出すといったイメー

3．支援の方法

算数の学習内容がより複雑になると，解法に関するプランニングを行うことが必要となります。しかし，そうした学習方略を用いること自体，ワーキングメモリに負荷がかかります。したがって，ワーキングメモリの小さい子どもは，プランニングを行わないまま，問題を解こうとしてしまうため，おのずと課題に失敗してしまうことが増えてしまいます。また，ワーキングメモリの小さい子どもは，慣れた方法を使い続ける傾向があるため，効率的な方法を発見したり，新たな方法を採用したりすることを好まない傾向があります。プランニングにかかるワーキングメモリの負荷をできるだけ軽減し，プランニング利用の定着を図るために，プランニングの方法それ自体をスモールステップで子どもに伝えるといった支援が必要になります。プランニングが定着したら，練習課題に取り組み，子ども自らがプランニングを新たな課題に適用していけるよう促していきます。

(1)文章題・なじみのない課題

> バスがとまって，5人おりました。つぎのえきで，4人おりました。おきゃくはなん人へりましたか

この文章題について，ワーキングメモリに困難がある子どもは，しばしば「最初が何人か分からないから計算できない」と言います。また，「おりた人数は合計何人か」を解くため，足し算となりますが，問題文の「へりましたか」という言い回しは子どもを引き算に誘導します。文章題が提示している状況を理解していくところから，スモールステップで解法に至るプランニングの方法を学びます。プランニングを学習する段階においては，問題を最後に提示する方がよいようです。プリントの最初に問題を示すと，子どもはそれを読んだ時点で誤った場面イメージを作り，混乱することがあるからです。

実施方法

①文章の状況を把握します（この場合，バスをテーマとした問題であり，そこから

人がドりるという状況）。紙を折り，ステップごとに記されている問題を読み，子どもは二者択一あるいは記入により，問いに答えていきながら，バスから人がおりた具体的な人数を答えていきます（図8-1のA）。
②文章の状況を整理していきます。また，ここでは「おりた」が「へった」ことであることを学習します（図8-1のB）。そして，最後のステップで，状況把握と問題文を対応させます。「まとめ」を読みながら，学習のプロセスを振り返ります。

支援方略

● 実施方法①の際に使用する方略
　情報の整理：言語的な情報と視空間的な情報を両方提示し，正確な状況把握を促します。
　情報の最適化：3つのステップで文章題の状況を把握していきます。
● 実施方法②の際に使用する方略
　情報の整理①：文章題の問題の内容を状況と対応させ整理します。また，2つの問題文を関連させることで深い理解を促します。
　情報の整理②：矢印を利用することで，視覚情報を整理し，関連する情報が意識的に分かりやすくします。
　情報の最適化：状況把握に関する知識・イメージを統合し，基に文章題の構造を全体的に把握します。

　なじみのない問題のなかには「どちらが多い」「あと何個」と尋ねられ，足すイメージを形成しつつも，実際にそれらは引き算を使うことを学ぶ必要がある場合や（図8-2のA，図8-2のC・D），図形を用いながら視覚的イメージを形成しなければ，状況把握や解法が困難である場合（図8-2のB）などがあります。折説明，スモールステップや視覚情報を組み合わせながら，文章の状況把握と解法に至るまでのプランニングに関する支援がいずれも効果的です。子どもの理解度や特性に応じて，スモールステップの数や視覚情報の有無を操作しながらプリントを作成してください。この方法は，中学生を対象とした支援でも有効です。
　文章題を解く場合のプランニングを学んだ後，次第に通常の算数の文章題に切り替えていきます。文章題の中から必要な情報に着目し，具体的なイメージを形成できるようここで学んだプランニングのスキルを活用していきます。

第 8 章　算数の文章題

(A)

なにが とまりましたか

(とり・バス)

えきまえで なんにん おりましたか

□ にん

つぎの バスていで なんにん おりましたか

□ にん

(B)

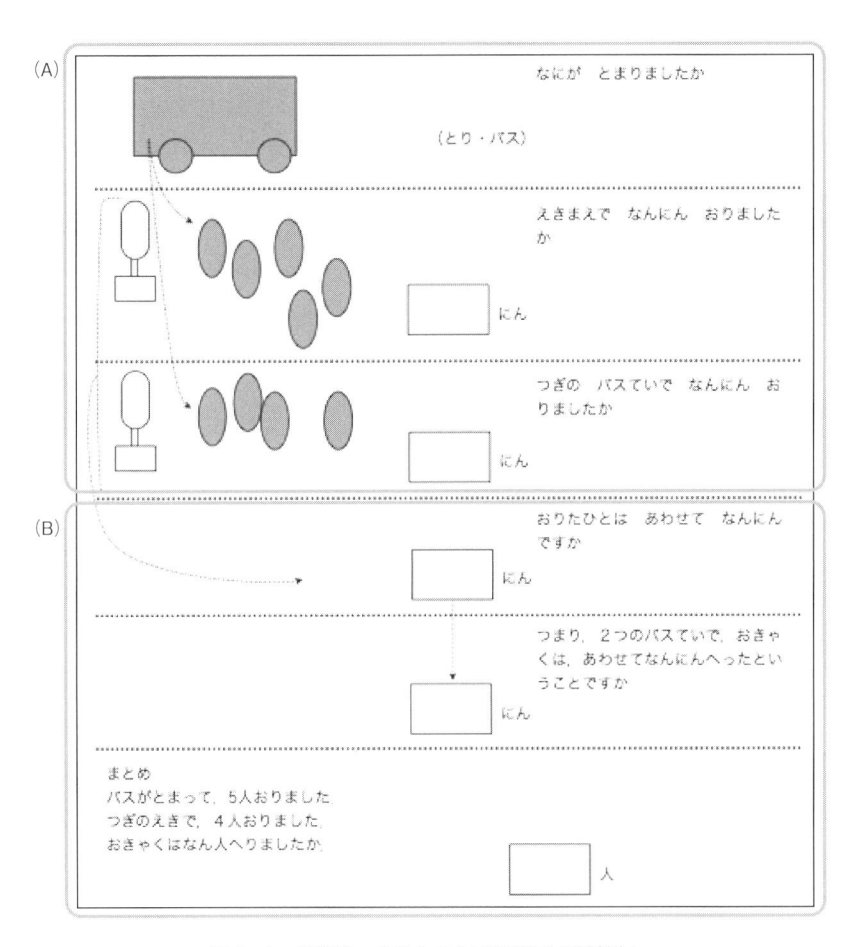

おりたひとは あわせて なんにん ですか

□ にん

つまり、2つのバスていで、おきゃくは、あわせてなんにんへったということですか

□ にん

まとめ
バスがとまって、5人おりました。
つぎのえきで、4人おりました。
おきゃくはなん人へりましたか。

□ 人

図 8-1　文章題：なじみのない課題向け支援例 1

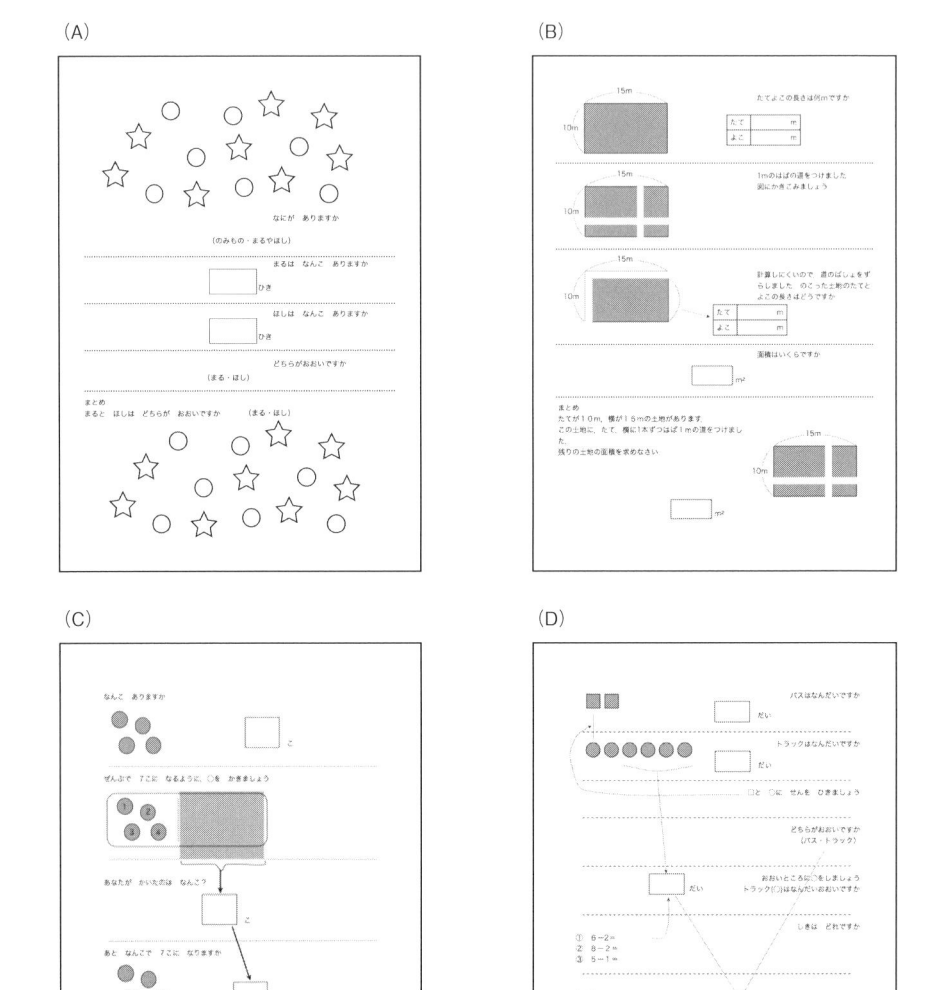

図8-2 文章題：なじみのない課題向け支援例2

(2) 図形

コンパスを使って三角形を書くといった課題の場合，4つの手続きを覚えておく必要があり（図8-3），ワーキングメモリの小さい子どもの場合，その手続きが途中で分からなくなることがあります。まずは，点線で折ったプリントを次の点線まで1つずつ展開して課題を提示する折説明を用いながら，4つのステップを学んでいきます。次に，練習課題を行います。この場合，先ほどのプランは上部に参照可能ですので，課題に取り組みやすくなります。

分度器の使い方について，分度器を回転させるといったことに負担を感じる子どもがいます。手先を同時に動かすと同時に，中心の位置を覚えておきながら分度器を回転させる必要があるからであり，そのことが，視空間性ワーキングメモリに負担をかけるのです。図8-4のワークシートは，そんな子どもに対して，分度器の扱いに関する基礎的なトレーニングを行うことができます。

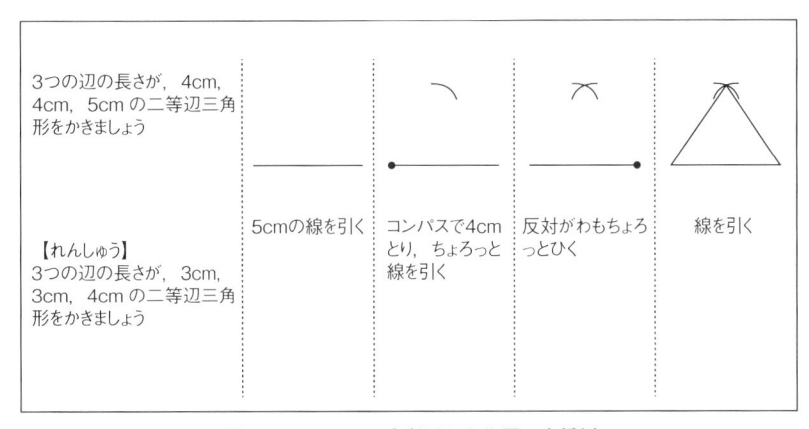

図8-3 コンパスを利用した作図の支援例

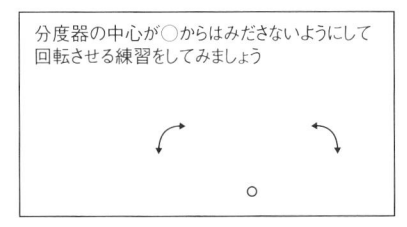

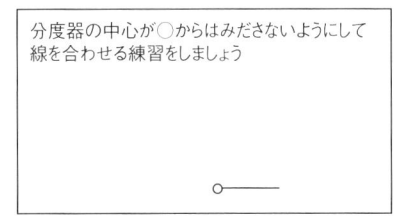

図8-4 分度器の使用に関する支援例

(3) 自己調整学習

　これまで示してきた支援例は，ワーキングメモリに困難のある子どもに対して支援者がどのように教えるかという教授方略についてでした。しかし最終的には，子どもは，学習の目標を設定し，できるだけ独力で問題を分析して，式を立て，問題を解決しなければなりません。このような学習の方法は自己調整学習と言われ，教授方略と同様に大切です。

　本章で示した教授方略は，プランニングの定着を目標にしていますので，自己調整方略の重要な柱です。しかしながら，ワーキングメモリの小ささから，子どもにとって文章の構造が分かりにくい場合や，複数の数字が出てくる場合などは，うまくプランニングを行うことはできません。そこで，適宜，しかけが必要となります。

　水族館の入館料が大人2人と子ども1人では680円で，大人2人と子ども3人では960円です。大人と子どもの入館料はそれぞれいくらですか。

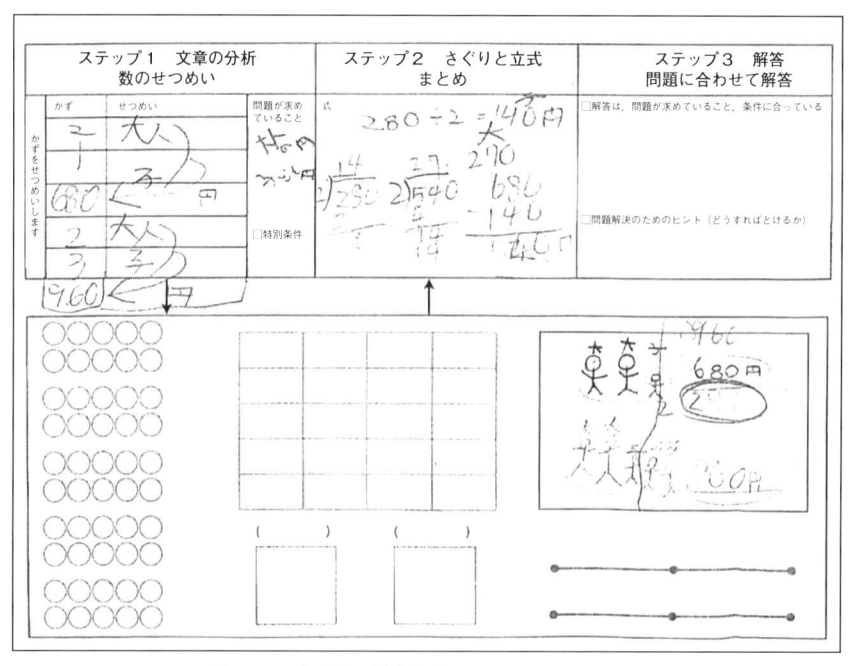

図8-5　文書題：独自解法のためのワークシート

この問題文を読んだだけでは文章の内容を記憶しにくく，数字も6つ出てくるため，記憶すべき情報量が多すぎます。したがって，数やその説明を書き出すことで，記憶にかかる負荷を軽減したり，どのように問題を解決できるか，試行錯誤的に図に表したりすることが必要です。

　図8-5のワークシートは，子どもの思考・記憶を支えるためのいくつかのしかけがしています。解法のステップを大まかに示します（ステップ1：状況把握，ステップ2：試行的な解法，ステップ3：解法の妥当性の検証）。ワークシート内には，数を書き出し，説明を加えたりできるような枠を示し，文章題の構造の理解や一部情報の記憶を支えます。また，試行錯誤するためのスペースでは，表や線，丸，フリースペースなど，いろいろな種類の問題に応じた図が用意されていて，子どもに自力で問題解決するための方略を用いるよう促します。

　こうした自己調整学習は，小学校高学年から意図的に行うことが可能になってきます。これまでの様々なスキルを基礎としながら，学習者としてのステップに足を踏み出せるよう，支援をしていきたいところです。

COLUMN 8

文章題に困難のある子どもへの支援
誤り分析から見る子どものつまずき

　コラム⑦で紹介した誤り分析の方法は，計算だけでなく，算数の文章問題のまちがいの原因を考えていく時にも使うことができます。子どもが実際にしたテストを見て，間違ったところを分析し，その誤りの要因を考えていくという方法です。
　下のような文章題のテストがあります。この誤りの理由を考えていきます。
　一番大きな要因は，「ぜんぶで」という言葉は，「足し算」としか結びついていないために「足し算」で計算しています。もう1つは，「つむ」という言葉の意味が理解できていないために，この文章問題で質問しているイメージがよく分からなかった可能性もあります。さらに単位が「mm」としなければならないのに，パッと見て単位の形の情報がうまく保持されず，「ww」ようになっています。必要な情報を取り出せなかったり，以前の間違いが次の失敗を引き起こしている可能性が考えられます。子どもの誤りを分析して，つまずきの要因を探すことで，その部分にピンポイントで指導することができます。

① 「ぜんぶ」は「足し算」に限らないこと，「かけ算」も考えられるということを覚える。
② 「つむ」という言葉の意味をしっかり教えて，「ぜんぶ」のイメージを確かなものにする。
③ 「mm」など細かいところは，「向きが難しいからしっかり見る」などの注目するポイントを意識させ「ww」とならないように考えられるようにする。

　以上のような方法があります。子どもの誤りを分析し，子どものつまずきの背景を理解しましょう。そうすることで「曖昧漠然とした」指導にならず，ポイントを絞った支援を行うことができます。

（山田　充）

(3)　あつさ4mmのノートを6さつ　つむと，
　　ぜんぶで　なんmmになりますか。（式・こたえ各5点）

[しき] 4＋6＝10
　　こたえ（10ww　）

計算の誤り例

第 **9** 章

授業場面での支援

1．授業という発話の連鎖

　子どものワーキングメモリは，学校の授業におけるその子どもの態度に影響します。学校の授業は，主に，教師の発問－子どもの反応－教師の説明といった発話の連鎖から成り立っています。

　そのため，その話し合いに参加するためには，教師や他の子どもの発話の連鎖の中から必要な情報をワーキングメモリに保持しながら，要点を理解し，自分の考えをまとめていく必要があります。教師や他の子どもの発話が長かったり，複雑な構文であったりすると，ワーキングメモリが小さい子どもは，その発話を聞いている間に，ワーキングメモリがいっぱいになってしまいます。ワーキングメモリがいっぱいになってしまうと，聞いている発話はすべてワーキングメモリから失われてしまい，その子どもは発話の内容を理解することができません。いったん授業の発話の連鎖についていけなくなった子どもは，その連鎖が終わるまで，ぼーっとしているか，飽きて手遊びをするようになります。そして新しい発話の連鎖が始まっても，その連鎖のとっかかりを読みとることが難しいため，話を聞くことをやめてしまいます。

　発話の連鎖に加われない。このことは，ワーキングメモリの特徴として繰り返し述べられてきています。しかし，それは果たして，ワーキングメモリが絶対的に小さい子どもにのみ見られる傾向で，ワーキングメモリの大きさが年齢の平均範囲であれば，クラスの中で相対的にワーキングメモリが小さいとしても，学習上の何らリスクは生じないのでしょうか。

　その答えは，ノーです。クラスによって特別な支援のニーズは様々に存在します。その中でも，クラスの中での相対的なワーキングメモリの小ささは，学習上の大きなリスクになりえます。私たちは，ワーキングメモリの大きさが年齢の範囲にありながらも，クラスの中で相対的に小さい児童に着目し，彼らが抱える学習上のリスクと学

習改善の実例を報告します。

2．授業中の挙手率と参加率

　私たちは，国立大学の附属小学校のクラスで，ワーキングメモリの小さい子どもの授業観察を行いました。その小学校では，入学に際し，テストで選抜があります。結果，クラスの児童のワーキングメモリは，同年齢の児童よりも全体的に高い傾向にあります。クラスの中で最もワーキングメモリが小さい子どもも同年齢集団の中で見ると，平均的なワーキングメモリ得点を示します。もしクラスの中でワーキングメモリが小さい子どもが挙手したり，授業の話し合いに参加したりすることが少ないとしたら，ワーキングメモリの小さい子どもにおける落ち着きのなさは，環境的な要因から引き起こされると推測できます。すなわち，教師の発問や指示，説明，また，他児の発言が，クラスでワーキングメモリの小さい子どもにとっては，長すぎたり，複雑な構文であったりするため，話し合いに参加できないと考えることができます。

　私たちは，小学校1年，3年，4年の各2クラスの子ども全員を対象に，ワーキングメモリテストを行いました。ワーキングメモリの4つの構成要素，言語的短期記憶，言語性ワーキングメモリ，視空間的短期記憶，視空間性ワーキングメモリをそれぞれ測定し，全課題の合計点が各クラスで最も低い児童を3名ずつ，また，合計点がクラスで平均的な児童を3名ずつ選び，観察を行いました。

　1年生は，1年から3年までの3年間，3年生と4年生は，3年から4年の2年間，国語，算数，理科の授業で観察を行いました。観察では，教師の発問に対する「挙手」と「授業参加」の割合を調べました。授業参加については，教師がクラス全体に向けて発話した授業場面を分類し，各場面で観察対象児が授業に参加しているかどうかを調べました。授業場面は，「教師指示」「板書」「他児発言」「教師説明」でした。「教師指示」は，「教科書を読みましょう」など児童に具体的な行動を指示する場面です。「板書」は，教師が板書している場面です。「他児発言」は，観察対象児以外の児童が発言している場面です。最後に，「教師説明」は，教師が課題や教材について説明を行ったり，児童の発言の補足などを行ったりする場面です。各場面で児童が各場面に応じた行動をしている（「教師指示」「板書」では，指示された行動を行い，ノートに書き写し，「他児発言」「教師説明」では，他児や教師の発言を聞く）と観察者が判断した場合に，「授業参加」としました。

　その結果，低学年のワーキングメモリの小さい子どもは，クラスの中で平均的な児

第9章　授業場面での支援

童に比べると，挙手の割合が低く，その中には，ほとんど挙手しない子どもが含まれていました。よく手を上げる子どももいましたが，その子どもは，指名されても，教師の質問とは異なる答えを言ったり，他の児童と同じ答えを言ったりしました。また指名されて答えるまでにかなり時間がかかり，教師の手助けや誘導を受けることがありました。ただし，中学年になると，平均的な児童における挙手の割合も下がるので，挙手に関して，ワーキングメモリの小さい子どもと平均的な子どもの違いは，あまり見られなくなりました。

　他方で，授業参加に関しては，ワーキングメモリの小さい子どもは，クラスの中で平均的な児童に比べると，どの学年でも一貫して参加の割合が低いことが分かりました。特に，「教師説明」と「他児発言」の場面において，ワーキングメモリの小さい子どもは，参加の割合が低くなります。つまり，ワーキングメモリの小さい子どもは，教師の説明や他児の発言を聞いていないことが多く，クラスでの話し合いに参加していないことが多いということです。

　ワーキングメモリの小さい子どもの授業中の態度として以下のようなものが見られました。ある子どもは，授業中に指示と違うことをしていたり，手遊びをしていたりして，しばしば教師から注意を受けていました。他の児童が準備し終えてから，周りを見渡して，ようやく準備に取りかかったり，逆に，算数の時間の冒頭に毎回計算プリントをするとき，終了を知らせるタイマーが鳴っても，鉛筆を置かずに続けていたりしました。さらに，全員で音読する場面で，どこを読むのか分からず隣の児童に教えてもらったり，机間指導をしている教師から指導されたりすることもありました。

　このように，年齢相応のワーキングメモリであっても，クラスの中で他の児童に比べ，ワーキングメモリが低いと，課題や教材についての教師の説明や，他児の発言を聞くことが容易でないといったことが明らかになりました。他の児童の発言は，しばしば長く，たくさんの情報や暗黙的な情報を含んでいます。そのため，ワーキングメモリが相対的に小さい児童にとって，他の児童の発言やそれに対する教師の説明を十分に聞くことができず，その結果，クラスの話し合いに参加することが難しいと考えられます。

　同年齢集団にワーキングメモリの個人差が必ずあることを考えると，学習支援のニーズはどのようなクラスにおいても生じているといってよいでしょう。

3．授業参加を促す授業デザイン

先に，国立大学の附属小学校のクラスでワーキングメモリのアセスメントを行い，ワーキングメモリの小さい子どもの授業態度を調べた研究を紹介しました。結果，クラスの中でワーキングメモリの小さい子どもが，ワーキングメモリの平均的な子どもよりも，教師や他の子どもの話を聞かず，授業に参加しないことが明らかになりました。しかし，ある教師が担当した2つのクラスの理科の授業だけが，他の授業と異なる傾向を示しました。それは，その理科の授業では，ワーキングメモリの小さい子どもも，ワーキングメモリの平均的な子どもも，同様に，授業への参加の割合がきわめて高かったことでした。その授業では，毎時の授業の展開に以下のような共通した特徴が見られました。

(1)授業の構造化

授業の冒頭で前回の授業内容を振り返らせ，児童に発言させ，その後にその時間の目標を説明します。

例えば，毎回，以下のように，授業を始めます。

> 教師：「前回，何をしましたか？」
> 児童1：「醤油さしを，押すと，さがる」
> 教師：「そうですよね。上から押して，醤油さしが下がる様子を見てもらったと思うんだけど，その原理，なぜですか？」
> 児童2：「えっと，醤油さしの空気が減る」
> 教師：「そうそう。○○くん，もういっぺん繰り返して言ってみて」
> 児童3：「醤油さしの，空気が縮む」
> 教師：「その通り。で，みんなは押した後戻ってきたよね。でも，隣のクラスは戻らなかったって。それは何で？」

毎回の授業の流れが構造化されており，子どもにとって，次に行う活動が予想しやすくなっています。授業が前回の振り返りから始まり，目標を明確にした後で，本題について学び始めます。こうした学習の流れは，子どもにとって授業に見通しをもたせます。また，前回の授業の復習から授業を始めることは，学習した知識を思い出させ，それを基に学習をスタートさせるので，子どもにとっては，本時で出会う情報が

すべて新奇なものではなく，これまでに学習した内容，つまり長期記憶を活用しながら学習を進めることができるため，ワーキングメモリにかかる負担が軽くなります。

(2) **教師の発問**

　2～3種類の選択肢を黒板に書き，児童に提示し，まずノートに自分の意見のみ記入させ，その後で児童に理由をノートに記入させる

　例えば，以下のようにします。

　　教師：「今日は，水の体積について学習したいと思います。ノートを開いて」
　　─上記のように言い，黒板に次のように記入。立場をノートに書かせる。

> 「水を凍らせると体積はどうなるでしょうか」
>
> 〈自分の考え〉
> 　・（体積は）減る
> 　・増える
> 　・変わらない

　　─実験の準備をさせ，水が凍るのを待つ間に，各自の立場を聞く。
　　教師：「まず人数聞かないと。体積は減ると思う人？　増えると思う人？　変わらないと思う人？」
　　─そのように言って，それぞれ挙手をさせ，黒板に人数を記入。
　　教師：「はい，じゃあ理由書いて」
　　─しばらく時間を置く。
　　教師：「はい，じゃあ少ないほうから聞きたいと思います。減ると思う人，理由どうぞ」
　　─この後，増えるという意見の児童にも同様に理由を聞く。

　「水を凍らせると体積はどうなるのか」。この問いに対する答えを具体的な選択肢として，教師が提示し，それを板書しました。耳から3つの選択肢を聴いて情報を覚えることができる児童もいますが，言語性ワーキングメモリの小さい児童は，新しい情報で頭がいっぱいになってしまい，考える余裕がなくなるかもしれません。そのため，板書が記憶の手助けになります。板書された3つの問いから選ぶといった課題は，

個々の選択肢を覚えておく負担を軽減し，ワーキングメモリの資源を考えることに使うことができるようになります。

本時において，教師は，体積がどうなるかを「選ぶ」ことと，その理由を「考える」ことを意識的に分けています。「今，すべきこと」を見失いがちなワーキングメモリが小さい児童にとって，活動の目的が明確となり，課題に取り組みやすくなります。

(3) **リヴォイシング**

児童の発言の後，簡潔にまとめたり分かりやすい表現に言いかえたりします。これはリヴォイシングというスキルです。

以下，②の事例の続きです。増える派が理由を発表しています。

授業は発話の連鎖で構成されています。話し合いや発表を通して，子ども同士の意見がそこで交換されます。当然のことながら，シナリオはありません。児童は，時に考えながら発表を行うため，発言そのものが長くなり，首尾一貫しない主張となる場合もあります。また，キーワードのみが頭に浮かび，そのことを急いで発表しようとするために，キーワードの前後の情報が欠落する場合も多くなります。クラスの中でワーキングメモリが小さい児童にとって，そうした特徴ある情報を正しく理解することができません。そのため，教師が児童の発言を簡潔にまとめ，分かりやすい表現に言い換えたり，文章として欠落した部分を補ったりすること（リヴォイシング）は，ワーキングメモリが小さい児童にとって有用です。教師によって重要な情報が繰り返されることで，そのような児童の記憶のサポートにもつながります。

> 児童4：「結露って勉強したじゃないですか。冷やしたら周りに水がつくから，例えば冷凍庫とかだったら，中に水蒸気とかあると思うから，冷やしたらそれがくっついて，増える」
> 教師：「その水蒸気が，足されるってこと？」
> 児童5：うなずく
> 教師：「なるほどー」
> ——また，ろうは固体になると体積は増えるのか，確かめる前に結果の予想をする場面でのやりとりである。
> 児童6：「○月△日の授業で」
> 教師：「うん，○月△日の授業で？」

児童7：「水が固体になると体積が1.1倍増えるって分かったから」
教師：「1.1倍増える，やりましたね。それで？」
児童7：「だから，ろうも」
教師：「だから，ろうも増えるんじゃないのーって？」

　この時，教師の発話は機械的ではなく，児童の意見に共感的に振る舞いながら，まさに，呼吸を合わせるかのようにリヴォイシングを行っていました。こうした応答的な態度そのものが，学びの雰囲気を創出していることを最後に付け加えたいと思います。

4．ワーキングメモリを考慮したユニバーサルデザインの授業

　ワーキングメモリを考慮したユニバーサルデザイン（表2-3；p.24）については，第2章で述べ，第3章から第9章までの個別支援の支援方略としても適用可能であることを述べてきました。本来，授業場面を想定して作成したものですので，是非とも授業に活かしてください。前節3．で紹介した「授業参加を促す授業デザイン」には，表2-3の支援方略が多く利用されています。

　第1に，「情報の整理」がうまく行われています。授業の冒頭で，学習（活動）の目標が明確にされ，課題や重要な情報が，音声情報とともに，視覚情報として板書されています。また，子どもの発表後，教師によってそのポイントが整理されています。

　第2に，「情報の最適化」として，授業が，前時の復習→本時の目標と課題の提示→課題の予想→予想の理由づけ→実験→実験結果の発表→学習のまとめ，といったユニットから構成されています。また，発問が選択式にされ，結果を予想する時間と，予想の理由を考える時間（ノートに書く時間），それを発表する時間が分けられています。

　第3に，「記憶のサポート」がうまく行われています。授業が前回の振り返りから始まり，授業の流れ，板書の仕方やノートの取り方がパターン化されています。教師は，適宜，子どものよく知っている事例に関連づけ，説明を行っています。

　第4に，「注意のコントロール」として，学習の流れが明示されています。実験は，グループで行い，また，色チョークが効果的に利用されています。

　ユニバーサルデザインの表（表2-3）は，一般的な支援方略なので，実際の授業をデザインしていくときには，個々の教科や単元，クラスの児童・生徒の特性，子ど

もたちのそれまでの学習経験などを考慮して，より具体的な形に工夫していく必要があります。おそらく，本書の読者である先生方は，前節3.の事例のように，クラスの子どもたちの実態に即して，授業の中で表2-3の支援方略の多くを実践されていると思います。しかし，せっかく先生方が授業を工夫され，子どもたちが生き生きと授業に参加することができても，翌年，他の先生に担任が替わり，授業に参加できなくなってしまっては，もったいない話です。そうならないために，以下のように，ユニバーサルデザインの枠組み（表2-3）によって，学年さらには学校全体を通して，授業の進め方を統一し，子どもたちが進級しても，安心して，授業を受け，学力を伸ばしていけるようにしましょう。

(1) 教師の支援方法の振り返り

チェックリスト（表9-1）を参考にしていきながら，普段の実践を振り返ってください。普段の授業で実施している方略の□に，チェックを入れます。そうすることで，教師自身が，特定の方略に関しては具体的な支援方法のバリエーションが少なかったり，特定の場面では特別な支援が意識されていなかったりすることに視覚的に気づくことができるかもしれません。

チェックリストは，授業改善を目指した校内研修を行うためや，子どもが在籍する通常学級・特別支援学級間の共通認識を図るための1つのツールとしても用います。

(2) 学年・学校独自のユニバーサルデザインの創造

すでに述べてきたように，特別な支援の実態は個人・クラスによって異なります。また，焦点化したい場面も多様でしょう。そのため，教師によってチェックされた方略やその具体的な内容は，異なっているはずです。そこで，同じ学年の教師，または学校全体の教師間で，チェックリストを見せ合い，それぞれで工夫している方略とその有効性について情報を交換し，共有しましょう。そして，有効な支援方略については，学年または学校内でリストアップし，表2-3の枠組みで整理してください。これがその学年・学校独自のユニバーサルデザインです。子どもが進級して，クラス担任が替わっても，学年または学級全体で授業の進め方が同じであれば，ワーキングメモリの小さい子どもも，安心して授業を受けることができます。

(3) 授業改善の成果の確認

ユニバーサルデザインを基に，授業改善を試みましょう。そのうえで，授業改善の

表9-1 ワーキングメモリを考慮したユニバーサルデザイン（チェックリスト）

授業の場面＼支援方略	情報の整理 情報の構造化 多重符号化	情報の最適化 情報の細分化 スモールステップ 情報の統合 時間のコントロール	記憶のサポート 記憶方略の活用 長期記憶の活用 補助教材の活用	注意のコントロール 選択的注意 自己制御
授業の構成	□学習（活動）の目標を明確化	□授業のユニット化 □学習（課題解決）プロセスの細分化 □最後に授業の振り返り・まとめ	□最初に前回の授業の振り返り・まとめ □学習の流れのパターン化	□学習の流れの明示 □学習の自己評価
学習形態・学習環境・学習のルール	□音声情報，視空間情報，触覚の多感覚利用 □作業手順の図式化	□考える時間や問題解決の時間を十分にとる □子どもに応じた課題量	□漢字や九九などの参照資料の準備	□ペア・グループ学習 □学習ルールの共有
指示の出し方・発問や説明の仕方	□大切な指示を板書 □必要な情報を板書	□指示の短縮化 □指示や発問の繰り返し □選択式の発問 □聞きやすい工夫 □指示代名詞の不使用	□話の要点の整理・関連事例の紹介 □記憶方略の利用の促し	□注意喚起 □子ども自身による理解度のモニタリングの促し □活動途中の声かけ □全体指示の後，特定の子どもへの指示
教材・教具	□絵・イラストなどの視空間的情報を使い説明 □考え方が分かるワークシートの使用	□ワークシートの活用	□よく知っている事例や具体物を使い説明する □スキルが定着するワークシートの使用	□不必要な教材等の整理の促し
板書の工夫・ノート指導	□子どもにとって聞き誤りやすい言葉の板書 □マス目や線を利用した文字や数字等の情報の的確な提示	□話す・聞く・書くの時間の区分 □ノート作業時に「ノート」と書いたカードの提示	□板書の仕方やノートの取り方のパターン化	□色チョークや色ペンの効果的利用
子どもの発表・作文	□子どもの発表に関する教師による要約・整理	□教師による子どもの発表のリヴォイシング □作文を支えるワークシートの活用	□教師による子どもの発表の関連事例の紹介・対応づけ □既知のテーマ・経験の焦点化	□発表ルールの共有 □作文の手がかりを書いたカード利用

効果の指標として，表9-2のワーキングメモリ行動評定を利用しましょう。表9-2のワーキングメモリ行動評定は，表9-1のワーキングメモリチェックリストを改編したものです。上の1～5の番号は，クラスの子どもの出席番号です。30人のクラスの場合は，右に列を付け加え，1～30の番号を上に加えます。そして，1～10の質問項目が，それぞれのクラスの子どもの普段の姿にどの程度当てはまるか，0～3で答えてください。ユニバーサルデザインによって授業改善を行う前と，一定期間（たとえば，1学期，あるいは1年間）実施した後で，表9-2の行動評定を繰り返し行います。表9-2に示された行動や態度は，ワーキングメモリの小さい子どもによく見られるものです。そのため，子どものワーキングメモリの得点と，表9-2の行動評定は，当然，高い相関を示します。ところが，効果的なユニバーサルデザインによって授業実践を行えば，表9-2に示された行動や態度は，ワーキングメモリの小さい子どもであっても，減少し，あまり見られなくなります。もしユニバーサルデザインによって授業改善を行う前より，一定期間実施した後で行動評定の得点が減少するならば，授業改善の効果が見られたと判断することができます。

表9-2　ワーキングメモリ行動評定

それぞれの行動や態度が，各子どもの日常の姿に，どの程度あてはまるか，数字で答えなさい。
　　まったくあてはまらない：0　　少しあてはまる：1
　　かなりあてはまる：2　　非常にあてはまる：3

		1	2	3	4	5
1	教師の指示通りにできない					
2	板書がうまくできない					
3	漢字がなかなか覚えられない					
4	作業の進行状況が分からなくなる					
5	話し合いに積極的に参加できない					
6	読みがスムーズに行えない					
7	忘れ物やなくし物が多い					
8	活動中，教師から絶えず支援を受ける必要がある					
9	挙手が少ない					
10	うわの空になることが多い					

第10章 ワーキングメモリの基礎知識

1．あらためて，ワーキングメモリとは何か？

> 2012年，iPS細胞の開発技術が認められ，山中伸弥京都大学教授がノーベル生理学・医学賞を受賞しました。

　このニュースは何度もメディアで取り上げられました。メディアを通して視聴者は，ニュース中に示された情報である「iPS細胞」「開発技術」「山中伸弥」「京都大学教授」「ノーベル生理学・医学賞」を，ワーキングメモリに保持しながら，長期記憶から，生物の身体の作りや発生の仕組みについて知識を検索し，新たな情報と関連づけて，山中教授の研究の意義を解釈しました。
　そこでの認知的なプロセスは，図10-1のように図式化されます。目や耳から入ったニュースは，ワーキングメモリに入力されます。同時に，長期記憶の知識を検索し，関連する情報をワーキングメモリに取り込み，新たに入力された情報が解釈されます。ワーキングメモリで記憶・処理できる情報量（容量）は，年齢や個人によって異なっていますので，ワーキングメモリの容量が小さいと，「山中教授」「ノーベル賞受賞」「iPS細胞」「開発技術」といった情報自体を覚えておくことができないか，覚えておくことができても，それだけで精一杯で，それに関連した情報を長期記憶から検索し，ニュースの情報について考えたり，イメージを広げたりすることができません。逆に，

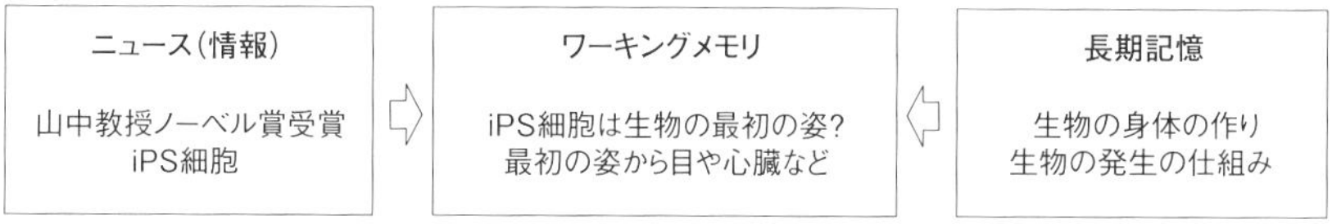

ニュース(情報)	ワーキングメモリ	長期記憶
山中教授ノーベル賞受賞 iPS細胞	iPS細胞は生物の最初の姿? 最初の姿から目や心臓など	生物の身体の作り 生物の発生の仕組み

図10-1　新たな情報に対応するための認知的プロセス

長期記憶にニュースと関連する知識がなければ，ワーキングメモリ内の情報は，そのほとんどが理解できない音声情報の羅列となってしまい，ワーキングメモリ内に正確に表象されず，また情報として長く留まりません。

ワーキングメモリと長期記憶との関連の深さは，次のような課題を通しても簡単に体験することができます。近くにいる人に①を読んでもらい，次に，聞こえた順番通りに答えてください。同様に②も行ってください。

> ① 「いぬ」「くつ」「ねこ」「かさ」
> ② 「けみ」「ほゆ」「ぬへ」「なろ」

2つとも，同じ情報量を覚える課題でしたが，後の課題は，明らかに難しさは増します。この覚えやすさの違いにも長期記憶がかかわっています。

長期記憶には様々なタイプがあり，エピソード記憶（特定のエピソードに関する記憶），自伝的記憶（自分自身や自分の人生に関する知識），意味記憶（自分を取り囲む世界に関する知識），手続き記憶（自動化した行為やスキル）などがあります。

先ほどの例で考えると，「いぬ」「くつ」の意味や音の特徴に関する知識は，長期記憶内に意味記憶として存在します。したがって，「いぬ」「くつ」を聞いた際，私たちは自動的に意味記憶内の情報を検索し，そこにある明確な情報をワーキングメモリ内に表象していたのです。記憶が薄れても，意味記憶を参照しながら，情報を再構成することが可能です。一方，「けみ」「ほゆ」といった情報は，「非単語」と言われるもので，日本語の音韻的特徴を有するものの，意味はもたず，長期記憶に存在しません。そのため，「けみ」といった耳慣れない情報をワーキングメモリで記憶するために，ワーキングメモリ内で記憶することそれ自体に多大な負荷がかかります。

ワーキングメモリと長期記憶は密接にリンクしているため，長期記憶をうまく利用することで，限られたワーキングメモリの能力を最大限に発揮することができます。

2．ワーキングメモリのモデル

先ほどの図10-1では，ワーキングメモリを単一の箱のように図示しましたが，ワーキングメモリの詳細なシステムはどのように説明されるのでしょうか。ワーキングメモリに関するモデルは，現ヨーク大学のバドリーとヒッチが1974年に，「ワーキングメモリモデル」(Baddeley, A. D. & Hitch, G. J., 1974) を発表して以来，心理学・

第10章　ワーキングメモリの基礎知識

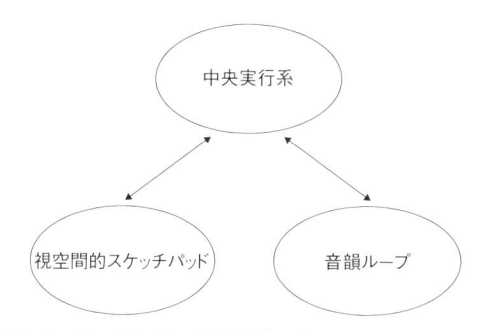

図10-2　ワーキングメモリモデル (Baddeley & Hitch, 1974)

教育学・医学等，領域横断的に広く用いられてきました。これまでモデルとしての頑健さが多くの実験データを通して立証されてきています。現在，いくつかのワーキングメモリに関するモデルが提案されていますが，本書では，バドリーとヒッチのモデルに基づいて解説を行います。

　ワーキングメモリには，情報の保持に特化した役割を担う言語的短期記憶（音韻ループ）と視空間的短期記憶（視空間的スケッチパッド）と，注意に特化した役割を担う中央実行系によって構成されます。2つの短期記憶は，中央実行系の従属システムとして位置づけられ，中央実行系が注意の配分を行います（図10-2）。

(1)言語的短期記憶

　ワーキングメモリモデルのうち，言語的短期記憶は，数，単語，文章といった音声などを含む言語情報を短期間，記憶する働きをします。言語的短期記憶は，受動的な記憶と能動的な記憶の両面があります。

　一般に知覚器官を経て送られてきた音声情報は，音韻ストアに入力されます。多くの言語情報は，そこで次第に減衰し，しまいには忘れ去られていきます。しかし，与えられた言語情報を，実際に声に出したり，頭の中で繰り返したりするなどのアクティブな処理を行うことで，情報はリフレッシュされ，言語的短期記憶内に留まります。心理学の領域では，そうした行為を「リハーサル」と言います。「リハーサル」は，発声そのものや発声にかかわるプランニングが行われる音韻ループ内の構音コントロール過程上で行われます（図10-3）。ただし，構音コントロールの働きが何らかの情報によって先取りされると，本来，必要となる情報は減衰してしまいます。例えば，「いぬ」「くつ」「ねこ」「かさ」といった単語を時系列的に覚えなければならな

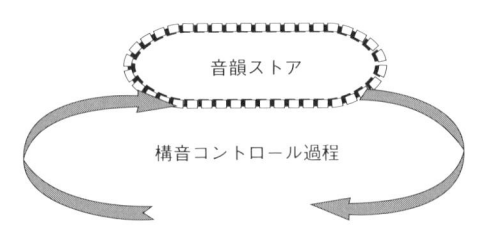

図10-3　音韻ループの図（Logie, 1995を一部修正）

いときに，「あいうえお」など，与えられた情報とは無関連な情報を繰り返し声に出すことが求められたとします。すると，構音システムは，「あいうえお」に先に占有されてしまい，新たな情報の記憶は妨げられます。逆に，「いぬ」「くつ」「ねこ」「かさ」と言い続けることで，他の無関連な情報は入ってくることを妨げ，それらの情報を覚えることに専念することができます。また，視覚的にとらえられる音声化可能な視覚情報（例えば，文字情報）は，いったん，構音コントロール過程上に入力され，そこで心内音声化を得る必要があるとされます。

(2) 視空間的短期記憶

視空間的短期記憶は，視覚情報と空間情報を一元的な表象に統合する貯蔵システムとして働きます。言語的短期記憶と同様，受動的な記憶と能動的な記憶の両面があると想定されています。受動的な記憶は，例えば，類似した視覚情報同士の再生が阻害されるなどの現象から説明されます。能動的な記憶は，内的筆記（インナースクラブ）と言われ，受動的記憶内にある情報を，具体的にイメージ化することで，リハーサルが行われることが想定されています。

(3) 中央実行系

中央実行系は，注意の集中やコントロールを司るとともに，高次の処理にかかわっています。中央実行系は，課題の内容によって，ワーキングメモリ内のどこにどれだけの注意が必要かを判断し，注意の配分を行います。

活動の性質によって，中央実行系が連携する短期記憶は異なります。言語情報を操作する場合には，中央実行系は言語的短期記憶と連動し，視空間的情報を操作する場合には，中央実行系は視空間的短期記憶と連動します。特に，前者を言語性ワーキングメモリ，後者を視空間性ワーキングメモリと区別します。言語情報ならびに視空間的情報が混在するようなより複雑な課題は，ワーキングメモリ内の三者がすべて利用

されます。

3. ワーキングメモリは脳内ネットワーク

　ワーキングメモリは，単なる概念ではなく，脳内の機能を反映したシステムであることが実証されつつあります。
　大脳は前頭葉，後頭葉，頭頂葉と側頭葉の4領域から構成されており，右脳と左脳は，脳梁と呼ばれる神経束でつながっています。手を額にあててください。そこに位置する前頭葉は，行動の目標をつくり出し，適切な文脈のもとで制御実行する司令塔の役割を担うとされます。特に，中央実行系は，前頭葉のうち前頭前野背外側領域が重要な役割を担っているとされます。また，苧坂（2008）は前部帯状回が，前頭前野背外側領域と協調して中央実行系の制御を担っていることを示しています。この領域は言語性および視空間性ワーキングメモリの双方にかかわっているとされ，中央実行系の働きと対応するとされます（図10-4）。
　言語とかかわる脳の領域として，前頭葉左下前頭回に言語処理や発話にかかわり運動性言語中枢とも言われるブローカ領，上側頭回後部に言語の理解にかかわり知覚性

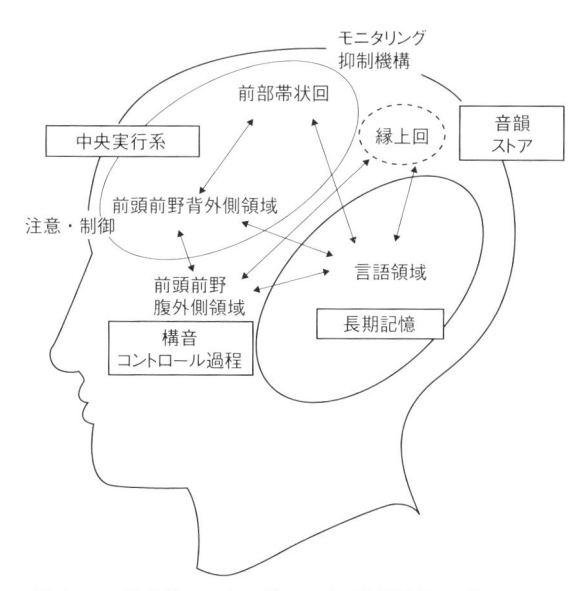

図10-4　言語性ワーキングメモリの神経基盤（苧坂，2002）

言語中枢とも言われるウェルニッケ領があります。言語的短期記憶のうち，左の頭頂葉下部にある縁上回は音韻貯蔵庫にかかわり，左のブローカ領の腹外側部（前頭前野腹外側部領域）が構音コントロール過程にかかわることが示されています。言語性ワーキングメモリを用いる際，人は中央実行系ならびに言語的短期記憶を同時に賦活させます。

視空間的短期記憶に関しては，言語的短期記憶に比べ，より広範な局在が賦活することが示されており，後頭葉，前頭葉，運動前野，縁上回，後頭葉や頭頂葉など，右脳の広い領域がかかわることが明らかにされています。

ただし，上記に示した脳内局在については，統制された実験状況下で，限られた課題を行う際の脳内活動が記録されたものにすぎません。日常生活におけるワーキングメモリの機能はより複雑です。例えば，快・不快といった感情が伴う場合などは，大脳の内部にある大脳辺縁系のうち，海馬，前部帯状皮質や扁桃核がかかわってきます。ワーキングメモリの脳内局在を詳細に明らかにすることに加え，日常生活の場面で，それらがどのように協働し，脳内ネットワークを形成しているのかを明らかにすることが，今後，研究上の課題と言えるでしょう。

4．ワーキングメモリの容量の限界

個人のワーキングメモリの能力を測定することは可能であり，そこで測定される能力は，個人内で一貫しています。課題を最後まで遂行するためにワーキングメモリにかかる負荷が，個人が有するワーキングメモリの能力を超えてしまう場合，課題は失敗します。

近くにいる人に①の数字を読んでもらってください。次に，あなたは，聞こえた順番通りに答えてください。同様に②も行ってください。ただし，この場合，それぞれの数字から「2」を差し引いて答えてください。

①「5　8　6　2　3　」
②「7　3　2　9　4　」

この課題は，言語的短期記憶を測定します。②の答えは，「5，1，0，7，2」となりましたか？　これは，数字を記憶することに加え，覚えた数字に操作を行うことを求めるため，前の課題より難しかったはずです。この課題では，言語性ワーキン

グメモリを測定します。両課題をクリアできた人は、課題中の数字を1つずつ増やしていきましょう。できなくなったところが、あなたのワーキングメモリの限界です。

　個人のワーキングメモリのうち、言語的短期記憶・視空間的短期記憶・言語性ワーキングメモリ・視空間性ワーキングメモリを個別に測定することが可能です。したがって、それらを測定することで、記憶（言語的短期記憶・視空間的短期記憶）と処理（言語的ワーキングメモリ・視空間的ワーキングメモリ）のいずれが弱いのか、あるいは、言語情報の記憶・処理（言語的短期記憶・言語性ワーキングメモリ）と視空間的情報の記憶・処理（視空間的短期記憶・視空間的ワーキングメモリ）のいずれが弱いのかといった点を把握することが可能となります。

5．アセスメントの方法

　ワーキングメモリを測定する方法として、ワーキングメモリのみを測定するために開発されたテストバッテリーを用いる場合と、知能テストや認知テストで用いられている下位項目を参考にする場合の2つの方法があります。前者については、現在、英語版がインターネットを通じて購入可能です。使用言語が英語である点に問題がありますが、2012年に販売が開始されたAWMA-Ⅱは、視空間的情報の記憶・処理（視空間的短期記憶・視空間的ワーキングメモリ）に関しては、できる限り言語の影響を受けないよう考慮されています。ただし、言語情報の記憶・処理（言語的短期記憶・言語性ワーキングメモリ）を測定する課題には、英語のアルファベットが含まれるため、母語話者なみにアルファベットを操作できる人は除いて、言語の影響を受けます。また、標準データが日本以外の国で集められたものであることを考慮する必要があります。後者の知能テストについては、近年、ワーキングメモリの指標が下位項目に導入されるようになり、それらを参考にすることができます。ここで紹介する知能テストや認知テストは日本国内でも標準化されており、データの解釈も可能です。しかし、視空間的短期記憶・視空間性ワーキングメモリを測定する課題は入っていないため、例えば、言語性ワーキングメモリは低いものの視空間性ワーキングメモリが高いといった子どもを発見することができません。

(1)**教師による学習場面の観察**

　ワーキングメモリの問題により日々の学習のつまずき示す子どもを一番に発見できる専門家は、教師です。まずは、第1章の表1-1（p.2）のチェックリストを用い

表10-1　授業場面におけるワーキングメモリの問題

- ●言語的短期記憶の問題
  - □教師の指示をすぐに忘れる
  - □国語の時間，読みのミスが多い
  - □算数の時間，九九がなかなか覚えられない
  - □外国語活動のときなど，外国語の耳慣れない言葉を真似して繰り返すことが苦手
- ●言語性ワーキングメモリの問題
  - □話し合いのある活動になかなか入れず，また話についていけない
  - □作文や日記を書くのが苦手
  - □国語の時間，読解問題につまずく
  - □算数の時間，文章題につまずく
- ●視空間的短期記憶の問題
  - □黒板の文字をノートに書き写すのが遅い
  - □アナログ時計を読むのに時間がかかる
  - □算数の時間，三角形や四角形の性質について理解しにくい
  - □図工の時間，絵や模様などを描き写すのが苦手
- ●視空間的ワーキングメモリの問題
  - □体育の時間，ラジオ体操やダンス等の一連の動作を，覚えるのが苦手
  - □理科の時間，複数の実験器具を操作しながら実験を行うのが苦手
  - □算数の時間，図形の展開図が理解しにくい
  - □生活科の時間，地図を使って学校探検や商店街調べを行うことが難しい

て，クラスの子どもの行動を振り返ります。クラスの中で最もチェックの多かった子どものうち，クラスサイズの1割程度の子どもを同定してください。次に，彼らが授業場面のどの段階で課題を投げ出すのか，そのポイントを見出しましょう。

子どもたちの行動から，ワーキングメモリの言語的短期記憶・視空間的短期記憶・言語的ワーキングメモリ・視空間的ワーキングメモリのいずれが小さいのかを紐解いていきましょう。それぞれの問題が具体的に行動面に表れている一例を表10-1に示しています。

(2)**オートメイテッド・ワーキングメモリ・アセスメントの利用**

AWMA（Automated Working Memory Assessment）は，ワーキングメモリの4つの側面（言語的短期記憶・視空間的短期記憶・言語性ワーキングメモリ・視空間性ワーキングメモリ）のアセスメントをパーソナルコンピュータ上で自動的に行うことができるソフトウェアです。短期記憶は，情報の記憶のみを課す課題により測定され，ワーキングメモリは，情報の記憶と処理の両者を課す課題により測定されます。課題を通して，スパン（記憶できる範囲，記憶・処理できる範囲）課題が採用されていま

す。課題開始時，与えられる情報量は少なく設定されていますが，課題に成功すると情報量は次第に増やされます。最終的に，失敗が続いた前の情報量が，個人のスパンと見なされます。現在，AWMA Ⅱがピアソン社より販売されていますが，日本語版はありません。

(3) 知能検査・認知検査の利用

児童用ウェクスラー式知能検査（The Wechsler Intelligence Scale for Children：WISC）の改定版（WISC-Ⅳ）では，ワーキングメモリ指標が取り入れられるようになりました。それらの指標は数唱，語音整列，算数（補助課題）が含まれています。数唱課題では，数字の系列を聞き，それを順向（聞こえてきた順番）ならびに逆向（聞こえてきた順番とは逆）の順で答えるよう求められます。この種の課題は，前者は言語的短期記憶，後者は言語性ワーキングメモリを測定する課題として広く用いられてきたものです。ただし，2つの課題の得点が合算されると言語的短期記憶と言語性ワーキングメモリの両者の相対的な得点を把握することができません。そのため，両者の成績の乖離率（ディスクレパシー）などを参考にする必要があります。語音整列課題では，数字とカナが混合された系列を聞き，数字は小さい順に，カナは五十音順に答えるよう求められます。数字・カナの順序に習熟することが前提であるため，課題成績が低かった場合，それがワーキングメモリの問題によるものか，数字・カナに関する基礎知識の欠如によるものかといったことを配慮する必要があります。補助課題として位置づけられている算数課題においても同様の配慮が必要となります。

(4) KABC-Ⅱ・DN-CAS

子どもの認知的特性を測定する検査に，KABC-ⅡやDN-CASがあります。KABC-Ⅱは，カウフマン夫妻により開発されたもので，ルリアの理論およびキャッテル・ホーン・キャロル理論という2つの理論に基づいています。具体的には，認知尺度と習得尺度から構成されるテストバッテリーです。認知的特性を測定するものは，認知尺度であり，同時尺度，継次尺度，学習尺度，計画尺度から構成されています。そして，ダスが開発したテストバッテリーがDN-CASです。DN-CASはダスによるPASSモデルに基づいています。PASSモデルは，旧ソビエト連邦のルリアの同時総合と継次総合の2つの情報処理様式に，プランニングと注意覚醒の2つの処理様式を加えたものです。したがって，アセスメントは，同時処理尺度，継次処理尺度，プランニング尺度，注意尺度から構成されています。視空間的短期記憶を測定すると考え

られる「図形の記憶」は同時処理尺度の3つの課題のうちの1つに，言語的短期記憶を測定すると考えられる「単語の記憶」「文の記憶」は，継次処理尺度の4つの課題のうち2つに見ることができます。したがって，短期記憶と類似した能力を部分的に測定しているとは言えます。しかし，尺度として算出される得点は，他の課題を含めており，ワーキングメモリと同一のものと見なすことができません。理論的背景が異なりますが，認知的特性を踏まえたうえでの支援のあり方を具体的に検討できる点は，ワーキングメモリ理論と共通しています。

6．ワーキングメモリがつなぐ理論と実践

　今，学習領域におけるワーキングメモリ研究は，3つ目のステップにあります。第1のステップは，ワーキングメモリとは何かといった追求でした。そこでは，ワーキングメモリを構成する要素やその下位の仕組みを明らかにしていきながら，ワーキングメモリの理論的構築が進められてきました。第2のステップは，ワーキングメモリと学習との関連の指摘でした。ワーキングメモリのアセスメントの開発により，「怠けている」「すぐに飽きる」「人の話を聞いていない」ように見えていた子どもが，実は，ユニークな学び方のスタイルをもっており，彼らの学び方の特徴やワーキングメモリの全体的な低さが，学習上の大きなリスクになっていることを，一貫して実証してきました。そして第3のステップです。それは，理論と実践をいかにつないでいくのかといったことです。

　実のところ，理論に関する研究の蓄積が先んじて行われており，教育実践ベースでの研究は始まったばかりだと言えるでしょう。研究者の立場からすれば，教育そのものに内在する変数の膨大さに思わず尻込みをしてしまいます。様々な条件をコントロールしながらデータを積み重ねていくことはたやすいことではないからです。また，実践者の立場から言えば，実践に多くの時間がすでに割かれている中で，研究の視点を教育に持ち込むことは，理論そのものを理解するために時間がかかるなど，コスト感覚をさらに生じさせます。

　しかし，子どもを軸にして，両者がそれぞれの力を発揮しながら交わることができる交点はあるはずです。現在，私たちが学校現場の先生方と協力して進めさせている研究を紹介していきながら，いくつかの可能性を検討していきたいと思います。

(1)教育実践の再評価

　熟達した実践家によって生み出された優れた実践が，世の中に蓄積されています。しかし，それらをいかに評価し，後の実践家に伝えていくべきか，課題となっています。優れた実践は，まるごと全部の素晴らしさがあり，それらを解体することは容易ではありません。しかし，なぜ，その実践はうまくいったのか，ワーキングメモリの視点から再評価することで，優れた実践で用いられている技術を可視化できる場合があります。実践の中に埋め込まれていた技術を読み解きながら，ワーキングメモリを考慮したユニバーサルデザインとしてまとめていくことで，授業・支援の新たなレパートリーを引き出していくことができます。

　別のアプローチが，事例検討会です。1つの授業や支援をケースとして検討していきながら，改善していくために何が必要であったのか，ワーキングメモリの視点を加えて検討していきます。第3章から第9章でも示したように，1つのアプローチにも，ワーキングメモリを考慮した技術が複数内在化していました。子どもの具体的な成功・失敗の場面をとらえながら，その要因を検討し，子どもの実態に応じた適切な支援のあり方を検討することは，今後の教育改善につながります。

(2)サポートブックの活用

　ワーキングメモリの視点を用いることで，子どもの学習の多様さを教師が理解することができます。このことは本書を通じてお伝えしてきているところです。個人のワーキングメモリの特性に応じて，様々な学習場面におけるその子どもの得意さや苦手さが異なり，また，それによって教師は，与える支援の方法を変えていく必要があります。前章で述べたように，各学年または学校全体で教師がそれぞれの支援方略を共有し，それをユニバーサルデザインとして実施していく一方で，子どもによっては，ユニバーサルデザインに含まれない特異な支援方法や個々の教科や単元に応じたより具体的な工夫を必要とすることがあるでしょう。そこで，子どもごとに，①ワーキングメモリの特性，②各学習場面の得意さ・苦手さの事例，③効果的な支援例，をそれぞれ列挙したファイルを作成します。これがサポートブックです。

　サポートブックは，教師が日々の授業で目にしたそれぞれの子どものつまずきやそれに対する効果的な支援例をファイルに加えていきます。そして，教科担任制の場合には，それぞれの教科を担当する教師がファイルを参照します。また，進級によって担任が替わった場合，サポートブックが受け継がれていきます。サポートブックは，いわば，その子どもの「学びの履歴」のようなものです。

教師の子ども理解、さらに児童・生徒自身の自己理解を促すために、以下の項目ごとに児童・生徒自身がサポートブックを作成します。

1) ワーキングメモリの特性
2) 各学習場面の得意さ・苦手さの事例
3) 効果的な支援例の列挙

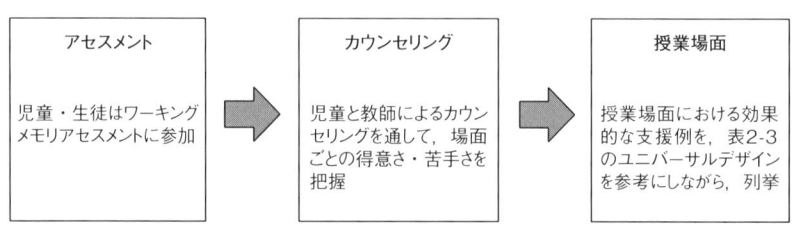

アセスメント	カウンセリング	授業場面
児童・生徒はワーキングメモリアセスメントに参加	児童と教師によるカウンセリングを通して、場面ごとの得意さ・苦手さを把握	授業場面における効果的な支援例を、表2-3のユニバーサルデザインを参考にしながら、列挙

図10-5 サポートブックの内容と活用の具体的な流れ

　他方、サポートブックは、子どもが成長するにつれて、自己理解を深めていくときにも、有用です。小学校高学年の児童や中学校の生徒は、自分の得意な面や苦手な面などの自己の特性を客観的に理解できるようになります。児童・生徒自身が、どのような場面でつまずき、そのとき、どのような方略をとればよいかを自覚し、必要な場合、教師の支援を求めながら、困難に対処できるようになることが望ましいことです。サポートブックは、そのような児童・生徒の自己理解にも役立てることができます（図10-5）。

　子どもたちはいずれ社会に出ていきます。それぞれの得意分野を伸ばし、不得意分野をカバーしながら、新たな環境に適応し、また自ら最適な環境を構成できる力を学校教育の中で身につけてほしいと願っています。その後、子どもたちは、サポートブックを活用しながら、子どもたちが自分の適性に応じた職業を選択し、業務を遂行していけると考えています。

(3) テストバッテリーの開発
　子どものワーキングメモリの特徴を把握するためには、ワーキングメモリを実際に測定することが求められます。現在、私たちの研究グループでは、ワーキングメモリのアセスメントツールを開発し、教育・臨床現場の方に限り、それをご利用いただいています。ご利用の条件等については、以下のウェブページをご参照ください。

　http://home.hiroshima-u.ac.jp/hama8/assessment.html

(4) 学習から就労へ

　学習へのつまずきが未就労という環境を生み出してきました。就労を見通した長期的な支援が求められます。私たちは現在，特別支援高等学校と連携しながら，一人ひとりの学びのスタイルに着目しながら，学習だけではなく就労訓練の改善に着手しています。ワーキングメモリは，ライフスキルを向上するためにも重要な視点になりえます。

　ワーキングメモリの理論を踏まえた適切な支援を受けながら，子どもたちが学習の様々な場面で小さな成功体験を積み重ねていけることを願っています。そして，次第に子どもたちは社会に出る準備を始めます。人の話を丁寧に聞く，書類を作成する，期限通りに課題を提出するなど，社会に出てからも，ワーキングメモリをフルに活用し続けなければなりません。学習からライフスキルへ。息の長い支援が求められます。

引用・参考文献

Alloway, T. P.（2011）*Improving working memory : Supporting student's learning.* London : SAGE. 湯澤美紀・湯澤正通（訳）（2011）ワーキングメモリと発達障害―教師のための実践ガイド 2　北大路書房

American Psychiatric Association（2000）*Diagnostic and Statistical Manual of Mental Disorders : Text Revision.* 高橋三郎・大野　裕・染矢俊幸（訳）（2003）DSM-IV-TR　精神疾患の分類と診断の手引　医学書院

Baddeley, A. D.（2007）*Working memory, thought, and action.* London : Oxford University Press. 井関龍太・齊藤　智・川﨑惠理子（訳）（2012）ワーキングメモリ―思考と行為の心理学的基盤　誠信書房

Baddeley, A. D., & Hitch, G. J.（1974）Working memory. In G. Bower（Ed.）, *Psychological learning and motivation.* Vol.8. New York : Academic Press. Pp.47-90.

Gathercole, S. E., & Alloway. T. P.（2008）*Working memory and learning : A practical guide for teachers.* London : Sage. 湯澤正通・湯澤美紀（訳）（2009）ワーキングメモリと学習指導―教師のための実践ガイド　北大路書房

Gathercole, S., & Baddeley, A. D.（1989）Evaluation of the role of phonological STM in the development of vocabulary in children : A longitudinal study. *Journal of Memory and Language*, **28**, 200-213.

Gathercole, S. E., & Baddeley, A. D.（1990）The role of phonological memory in vocabulary acquisition : A study of young children learning new names. *British Journal of Psychology*, **81**, 439-454.

銀林　浩（2001）どうしたら算数ができるようになるか〈小学校編〉　日本評論社

Kintsch, W.（1998）*Comprehension : A paradigm for cognition.* New York : Cambridge University Press.

国立特別支援教育総合研究所（2010）発達障害のある子どもへの教科教育等の支援に関する研究　平成20～21年度　研究成果報告書

Logie, R. H.（1995）*Visuo-spatial working memory.* Hove : Lawrence Erlbaum Associates.

文部科学省（2012）通常の学級に在籍する発達障害の可能性のある特別な教育的支援を必要とする児童生徒に関する調査結果について

中山　健・森田陽人・前川久男（1997）見本合わせ法を利用した学習障害児に対する英語の読み獲得訓練　特殊教育学研究, **35**（5），25-32.

引用・参考文献

小野瀬雅人（1995）入門期の書字学習に関する教育心理学的研究　風間書房
苧坂満里子（編）（2002）脳のメモ帳　ワーキングメモリ　新曜社
苧坂直行（編）（2008）ワーキングメモリの脳内表現　京都大学学術出版会
上嶋　恵（2008）教室でできる特別支援教育　1分間集中トレーニング　学陽書房
山田　充（2008）意味からおぼえる漢字イラストカード　1年生（特別支援教育のカード教材）　かもがわ出版
湯澤美紀（2011）ワーキングメモリと発達障害—支援の可能性を探る　心理学評論
湯澤正通・渡辺大介・水口啓吾・森田愛子・湯澤美紀（2013）クラスでワーキングメモリの相対的に小さい児童の授業態度と学習支援　発達心理学研究

索　引

●あ
アップデート　1
誤り分析　98
アロウェイ（Alloway, T. P.）　7

●い
1分間集中トレーニング　14

●う
WISC − Ⅳ　117
ウィリアムズ症候群　13
ウェルニッケ領　114

●え
AWMA − Ⅱ　115
ADHD　12

●お
オーバーフロー　2
音のイメージ化　41
折説明　79, 83
音韻ストア　111
音韻認識　27
音韻ループ　111

●か
解答生成　51
学習困難　9
学習障がい（LD）　8
感覚過敏症　15
漢字熟語の読み　32
漢字の書き　70

●き
記憶方略の活用　21
記憶補助ツール　18
ギャザコール（Gathercole, S. E.）　3
協調運動　64
挙手　101
キンチュ（Kintsch, W.）　49

●く
九九　76

●け
KABC − Ⅱ　117
言語性ワーキングメモリ　3
言語的短期記憶　3

●こ
語彙習得　39
構音コントロール過程　111
口頭リハーサル　22
国語辞典　47
個人差　3

●さ
サポートブック　119
算数障がい　10

●し
視覚認知　63
時間のコントロール　21
視空間性ワーキングメモリ　3
視空間的スケッチパッド　111
視空間的短期記憶　3
自己制御　23
自己調整学習　96
自閉症スペクトラム　12
授業参加　101
情報の構造化　20
情報の統合　21
書記リハーサル　22
書字の下手さ　63
事例検討会　119

●す
スモールステップ　21, 58

●せ
選択的注意　23
前頭前野背外側領域　113
前部帯状回　113

●そ
即時折説明　87

索　引

粗大運動　12

●た
ダウン症　13
多感覚リハーサル　22
多重符号化　20

●ち
中央実行系　111
長期記憶　22
長期記憶の活用　21

●つ
通級による指導　8

●て
DN-CAS　117

●と
統合運動障がい　12
読字障がい　9
特別支援学級　8
読解　50

●な
内的筆記　112

●に
入門期の計算　76

●の
脳内ネットワーク　114

●は
バッドリー（Baddeley, A. D.）　39
話し合い　100

●ひ
微細運動　12
筆算　83
ひらがなの書き　66

●ふ
プランニング　89

ブローカ領　113
文章題　49, 89, 91, 98
文章の読み　34

●ほ
補助教材の利用　21

●ま
学びの土台　5

●み
見本合わせ法　29

●め
メタ認知　23

●も
文字の読み　29

●ゆ
ユニバーサルデザイン　25

●よ
読み聞かせ　37

●ら
Learning Disability　8
Learning Disorder　8
Learning Differences　9
Learning Difficulty　9

●り
リヴォイシング　104

●わ
ワーキングメモリ　1
ワーキングメモリエラー　18
ワーキングメモリモデル　110
ワーキングメモリを考慮したユニバーサルデザイン　19

【編著者】

湯澤美紀（ゆざわ・みき）・・・・・・・・・・・・第1～10章，Column③
2001年　広島大学大学院教育学研究科博士課程単位取得満了
現　在　ノートルダム清心女子大学准教授　博士（心理学）
主著・論文
　　　授業の心理学（共著）　福村出版　2013
　　　ワーキングメモリと発達障害―支援の可能性を探る―（単著）　心理学評論　2011年
　　　子どもの育ちを支える絵本（共著）　岩波書店　2011年
　　　ワーキングメモリと発達障害―教師のための実践ガイド2―（共訳）　北大路書房　2011年
　　　幼児の音韻的短期記憶に関する研究（単著）　風間書房　2010年

河村　暁（かわむら・さとる）・・・・・・・・・・第3～8章，Column④
2007年　筑波大学大学院人間総合科学研究科博士課程修了
現　在　発達ルームそら主宰　博士（心身障害学）
主著・論文
　　　ワーキングメモリに困難のあるLD児の漢字の読み書き学習における単語の熟知度と漢字の画数・複雑性の影響（共著）　LD研究　2007年
　　　実践から学ぶ「社会生活力」支援―自立と社会参加のために―（共著）　中央法規出版　2007年
　　　児童期のLD児におけるワーキングメモリ測定の試み（共著）　LD研究　2004年
　　　中学生のLD児およびその周辺児を対象とした社会生活力の育成を目指した取り組み（共著）　LD研究　2003年

湯澤正通（ゆざわ・まさみち）・・・・・・・・・・第1～2章，第9～10章
1992年　広島大学大学院教育学研究科博士課程修了
現　在　広島大学大学院教育学研究科教授　博士（心理学）
主著・論文
　　　日本語母語幼児による英語音声の知覚・発声と学習（共著）　風間書房　2013
　　　クラスでワーキングメモリの相対的に小さい児童の授業態度と学習支援（共著）　発達心理学研究　2013年
　　　ワーキングメモリと発達障害―教師のための実践ガイド2―（共訳）　北大路書房　2011年
　　　英語の多感音韻認識プログラムが日本人幼児の英語音韻習得に及ぼす効果（共著）　教育心理学研究　2010年
　　　メタ認知：学習力を支える高次認知機構（共著）　北大路書房　2008年

【コラム執筆者】

青山新吾（あおやま・しんご）・・・・・・・・・・・・Column ①，Column ⑤
ノートルダム清心女子大学講師
主著・論文
  青山新吾―エピソードで語る教師力の極意―（単著）　明治図書　2013年
  個別の指導における子どもとの関係づくり―若い教師に伝えたい基礎技術―（心を育てる特別支援教育2）（単著）　明治図書　2012年
  吃音のある子どもたちへの指導―子どもに届けるメッセージ（心を育てる特別支援教育1）（単著）　明治図書　2009年
  特別支援教育を創る！―子どもを見つめる確かなまなざしと暮らし支援（単著）　明治図書　2006年

山田　充（やまだ・みつる）　・・・・・・・・・・・・Column ②，Column ⑥〜⑧
堺市立日置荘小学校通級指導教室，特別支援教育士スーパーバイザー，自閉症スペクトラム支援士アドバンス，堺LD研究会（副代表），S.E.N.Sの会大阪支部会事務局長
主著・論文
  かなかなパズルゲーム（単著）　かもがわ出版　2013年
  意味からおぼえる漢字イラストカード1〜6年生　特別支援教育のカード教材（単著）　かもがわ出版　2008年〜2013年
  子どもの学ぶ力を引き出す個別の指導と教材活用（共著）　かもがわ出版　2011年
  高機能広汎性発達障害の教育的支援―特別支援教育のプロを目指す教師のために（共著）　明治図書　2008年

ワーキングメモリと特別な支援
一人ひとりの学習のニーズに応える

| 2013年10月20日　初版第1刷発行 | 定価はカバーに表示 |
| 2016年 9 月30日　初版第4刷発行 | してあります。 |

編　者　湯　澤　美　紀

　　　　河　村　　　暁

　　　　湯　澤　正　通

発行所　㈱北大路書房

〒603-8303　京都市北区紫野十二坊町 12-8
電　話　(075) 431-0361(代)
Ｆ Ａ Ｘ　(075) 431-9393
振　替　01050-4-2083

Ⓒ2013　　　　　　　　印刷・製本／亜細亜印刷㈱
検印省略　落丁・乱丁本はお取り替えいたします。
ISBN 978-4-7628-2821-8　Printed in Japan

・ JCOPY 〈㈳出版者著作権管理機構 委託出版物〉
本書の無断複写は著作権法上での例外を除き禁じられています。
複写される場合は，そのつど事前に，㈳出版者著作権管理機構
(電話 03-3513-6969,FAX 03-3513-6979,e-mail: info@jcopy.or.jp)
の許諾を得てください。